t.

 EDITION BY TRAUNER

W0171148

Manfred Wolf

Sag amoi

Das etwas andere Mundartwörterbuch
für Oberösterreich

Impressum

1. Auflage 2021
© 2021 by TRAUNER Verlag + Buchservice GmbH, Köglstraße 14, 4020 Linz
Lektorat und Produktmanagement: Dr.in Regina Jaschke
Korrektorat: Barbara Schöberl
Layout und Gestaltung: Bettina Victor, Daniela Reiter, Michaela Kobyakov
Illustrationen S. 3, 10, 33 und 62: Shutterstock.com/OÖN-Grafik (Karin Froschauer),
alle anderen Shutterstock.com
Cover: Shutterstock.com/OÖN-Grafik (Karin Froschauer)
Fotos S. 99, 105 und Umschlag: Volker Weihbold/OÖN
Herstellung: Samson Druck GmbH, Samson Druck Straße 171, 5581 St. Margarethen

ISBN 978-3-99113-228-8

Manfred Wolf

Sag amoi

Das etwas andere Mundartwörterbuch
für Oberösterreich

Inhalt

Vorwort

Dieses Buch ist ein Dankeschön. Ein Danke an die unzähligen Leserinnen und Leser der Dialekt-Kolumne in den Oberösterreichischen Nachrichten (OÖNachrichten). Denn sie sind es, die seit nunmehr fast fünf Jahren Woche für Woche ihre liebsten Dialektwörter schicken. Weit mehr als tausend E-Mails und dazu Hunderte Briefe und Postkarten haben die OÖNachrichten mittlerweile erreicht. Dabei möchte ich drei Aspekte hervorheben, die immer und immer wieder darin zu lesen sind:

Zum einen ist es die Freude über die Erinnerung an früher – an Eltern und Groß- eltern –, die beim Lesen der Kolumne geweckt wird. Es ist dies ein wunderschöner Mehrwert, den die wöchentliche Kolumne „Sag ámoi" im OÖNachrichten-Maga- zin „Wochenende" erzielt.

Und zum anderen? Dazu sei ein dem italienischen Philosophen George Santayana (1863–1952) zugeschriebenes Zitat vorangestellt, der die Zweckentfremdung hof- fentlich erlaubt hätte:

Es gibt nichts Neues unter der Sonne –
außer das Vergessene.

Denn viele Leserinnen und Leser schreiben, dass ihnen die Dialekt-Kolumne sehr am Herzen liege, weil sie diese, unsere, Ursprache am Leben hält. Viele Mund- artwörter sind längst in Vergessenheit geraten. Immer weniger verwenden diese alten Wörter, sie werden von der Vergänglichkeit vertilgt. So war es immer und so wird es immer sein. Auch aus Wörterbüchern werden von Ausgabe zu Aus- gabe Wörter gestrichen, neue kommen dazu.

Sprache ist eben lebendig – aber sie hat auch eine Erinnerung. Als kleines Beispiel sei hier das Mundartwort „napfitzn" erwähnt, was so viel wie „schlummern" be- deutet. In der jüngeren Generation kennt kaum noch jemand dieses Wort. Doch wanderte in den vergangenen Jahren der Anglizismus „Powernapping" in unse- re Sprachlandschaft ein. Also ein kleiner, kurzer Schlaf zu Mittag, um wieder zu neuer Kraft zu kommen, Energie, also „Power", zu tanken. Beide Wörter haben denselben Ursprung, womit wir bei der Lustigkeit sind, dass viele englische Wörter und Mundartwörter nicht nur ident geschrieben werden, sondern auch die gleiche Bedeutung haben.

Warum? Beide Sprachen haben ihre Wurzeln im Indogermanischen und haben sich erst im Laufe der Jahrhunderte ausdifferenziert und klar voneinander getrennt – in Englisch und Standarddeutsch. Auch dem haben wir in diesem Buch ein Kapitel gewidmet.

Und der dritte Punkt? Immer wieder kommen Mails in unser Postfach mit der Bitte, aus der Kolumne doch ein Buch zu machen.

Hier ist es. Gedacht eben als Dankeschön an die Leserinnen und Leser, die dieses Buch quasi selbst ermöglicht haben, weil sie einen Großteil des Inhalts beigesteuert haben.

Dieses Buch ist also dreierlei. Eine Erinnerung an früher, ein Gedächtnisort für unsere Sprache sowie ein Danke an alle, die daran mitgewirkt und geduldig darauf gewartet haben. „Es is eben mehr dáwoat ois dárennt."

Viel Freude und jede Menge schöne „Aha-Erlebnisse" beim Lesen wünscht Ihnen

Manfred Wolf

PS: Ein großes Danke sei an dieser Stelle auch Klaus Huber und Stephan Gaisbauer ausgesprochen. Beide sind Experten, was die Mundart betrifft, und sie stehen immer wieder beratend zur Seite. Interviews mit ihnen finden Sie im Buch.

PPS: Über Anregungen, Verbesserungen und viele „neue" Wörter freuen wir uns. Schicken Sie uns diese bitte an hoamatland@nachrichten.at.

Zur Schreibweise und über den Ursprung

In der Mundart zu schreiben ist ganz einfach. Und noch viel schwerer. Einfach, weil es keine verbindlichen Regeln gibt. Ob Sie „Muadá" oder „Muattá" statt dem hochdeutschen Mutter schreiben, ist einerlei. Niemand kann sagen, dass es falsch wäre. Der Traum jedes Schulkindes quasi. Doch der Hund liegt im Detail – wie immer. Denn auch die Mundart fußt auf alten Ausdrücken, einem Stamm, der erkennbar bleiben sollte, um die Lesbarkeit für andere zu gewährleisten. Denn nur weil „aná glaubt, des vásteht eh á jedá", heißt das noch gar nichts.

Womit wir mitten im „schwer" wären. Denn phonetisch besitzt die Mundart eine Vielzahl an Vokalen. Im Gegensatz zur geschriebenen Standardsprache, die mit a-e-i-o-u und ä-ö-ü auskommt. Kein dumpfes a, kein å. Und weil ohnehin jeder alles immer anders ausspricht und betont, wird es dann beim Niederschreiben schlicht schwer – jeder, der schon einmal versucht hat, etwas einheitlich in der Mundart zu schreiben, weiß, was gemeint ist.

In diesem Buch haben wir uns mit einem der Mundart- sowie Brauchtums-Experten des Landes, OÖN-Kolumnist und Obmann des Stelzhamerbundes, Klaus Huber, auf ein Regelwerk geeinigt, mit dem, so hoffen wir, jede Leserin und jeder Leser etwas anfangen kann. Wir übernehmen im Großen und Ganzen die Richtschnur aus dem vom Stelzhamerbund herausgegebenen „Wörterbuch zur oberösterreichischen Volksmundart" von Otto Jungmair und Albrecht Etz. Zum einen ist es ein erprobtes und ausgefeiltes System, zum anderen wollen wir keine zusätzliche Schreibweise erfinden, um keine Missverständlichkeiten zu kreieren. Dennoch weicht manches in diesem Buch vorkommende Wort vom Volksmundart-Wörterbuch ab.

Lange Rede, kurzer Sinn: Das allseits so beliebte „å" findet in diesem Buch keine Anwendung. Das helle „a" wird mit Akut, also „á", geschrieben. Als Beispiel dient die „Áhnl". Das dumpfe „a", also jenes, bei dem man sich zwischen „å" und „o" nicht entscheiden kann, bleibt ein schlichtes „a". Als Beispiel gilt der „Adl", also die Jauche. In Kombination mit einem weiteren Vokal wird das „á" ebenfalls hell ausgesprochen, ohne dass es jedoch mit Akut versehen ist – wie bei „Fuaßboi".

Zudem befinden sich manche Konsonanten in Klammer – zum Beispiel bei dráwi(g). Das „g" wird nicht (oder nur mancherorts) ausgesprochen, dient aber der Lesbarkeit.

Noch ein Wort zur etymologischen Forschung der Mundartwörter, also deren Ursprung. Bei manchen Wörtern wurde diesem auf den Grund gegangen, viele stammen aus dem Alt- und Mittelhochdeutschen. Andere Wörter kamen aus anderen Sprachen in die Mundart, hier wiederum lassen sich Spuren ins Lateinische, Ungarische und Romanische ausmachen. Festmachen lassen sie sich jedoch oftmals schwer und es ist auch teils nicht möglich. An dieser Stelle, nämlich der Forschung des Ursprungs der Wörter, sei Jacob Grimm (1785–1863) zitiert, der mit seinem Bruder Wilhelm (1786–1859) nicht nur für schaurige Märchen verantwortlich zeichnete, sondern auch das umfassendste Wörterbuch zur deutschen Sprache schuf. Er schrieb 1815 bezüglich der Forschung an seinen ehemaligen Rechts-Professor:

> *... je weiter ich in diesem Studium fortgehe, desto klarer wird mir der Grundsatz: dass kein einziges Wort oder Wörtchen bloß eine Ableitung habe, im Gegenteil jedes hat eine unendliche und unerschöpfliche. Alle Wörter scheinen mir gespaltene und sich spaltende Strahlen eines wunderbaren Ursprungs, daher die Etymologie nichts tun kann, als einzelne Leitungen, Richtungen und Ketten aufzufinden und nachzuweisen, soviel sie vermag. Fertig wird das Wort nicht damit.*

„In samsing", also sozusagen, bedeutet das: Jede Sprache greift auf schier unendlich viele Wurzeln zurück. Wo möglich wurde dies in der Schreibweise berücksichtigt. Ansonsten, so sind wir sicher, werden Sie sich rasch zurechtfinden.

Wia und wer má hoit so is

Nämlich

Kosenamen kann sich in der Regel niemand aussuchen, sie werden einem einfach zugedacht – in der Schule, von Eltern oder Freunden. Manche haben aber in der Mundart eine lange Tradition ...

Ánnámirl: Annemarie
Bártl: Bartholomäus
Beppo: Josef
Bert: Adalbert, Norbert …
Fáni: Franziska
Ferdl: Ferdinand
Fini: Adolfine
Florl: Florian
Fritz: Friedrich
Fritzi: Friederike
Gisi: Gisela
Grel, Greti: Margarete
Gundl: Kunigunde, Adelgunde
Hans: Johann
Hias, Hiasl: Matthias
Jirgl: Georg
Jodl: Jodokus
Jogl, Jagl: Jakob
Káthl, Káthi: Katharina
Lipp, Lippl: Philipp
Lis, Lisi, Lisl: Elisabeth
Leni: Helene
Lois: Alois
Loisi: Aloisia
Mádl: Magdalena
Mándi: Manuel, Manfred

Michl: Michael
Milli: Emilia
Moattl, Hoisl: Matthäus
Mirz, Mirzl, Mizzi: Maria
Minerl: Hermine, Wilhelmine
Milli: Emilia
Máriandl: Marianne
Nánni, Nánnerl, Nándl: Anna
Náz: Ignaz
Nessl: Agnes
Poit, Poidl: Leopold
Resi, Resl: Theresia
Schurl: Georg
Stöff: Stefan
Stoffi: Christoph
Susi, Susl: Susanne
Sepp, Pepi: Josef
Tilli: Ottilie
Tini, Tinnerl: Christine
Toni: Anton
Urschl: Ursula
Veidl, Veichtl: Veit, Vitus
Wetl, Wetti, Bábett: Barbara
Wig: Ludwig
Xándl, Xándi: Alexander
Zilli: Cäzilia

Familienaufstellung

Menschen stehen in verschiedenen Beziehungen zueinander. Nicht immer aber ist in der Mundart klar, wer jetzt wie zu wem steht. So ist die **„Moam"** nicht nur die Tante, sondern auch eine entfernte Verwandte älteren Semesters. Ähnlich dem vermeintlich bayerischen Klassiker, dem **„Bázi"**. Vermeintlich deshalb, weil der „Bácsi" aus dem Ungarischen stammt und nicht nur Onkel bedeutet, sondern auch als Bezeichnung für ältere Männer verwendet wurde. In Bayern ist der „Bázi" eine Bezeichnung für einen pfiffigen oder durchtriebenen Mann. Aber dazu später mehr. Zunächst schauen wir uns das klassische Familiengebilde an …

Vatá, Dáti: Vater
Muadá: Mutter
Dirndl, Mensch: Mädchen, Tochter
Bua: Bub, Knabe, Sohn
Áhnl: Großmutter
Ähnl: Großvater
Guckáhnl, Guckähnl: Urgroßmutter, Urgroßvater
Moam, Básl: Tante
Oheim: Onkel
Vedá: Onkel; aber auch Vetter
Widiwer, Widin(g): Witwer, Witwe
Göd, Godn (Godnleut): Tauf- und Firmpaten
Kindskind: Enkerl
Niftl: Nichte
Heah(n)-Mensch, Dirn: Magd
(Heah(n): Hühner)
Gerháb: Vormund

Gmoastier: Vater mehrerer außerehelicher Kinder

Schrátz, Kegl, Bankert: uneheliches Kind

„Kind und Kegel packen": Als Kegel wurde das uneheliche Kind bezeichnet, das rechtlich schlechter gestellt war als das eheliche Kind.

Wöchnárin: Eine Frau, die die ersten Wochen nach der Geburt zu Hause bleiben sollte, um sich und das Kind vor Krankheiten zu schützen. Danach musste sie **„vásögner geh"**. Denn eine Frau musste sich rund vier Wochen nach der Geburt in der Kirche segnen lassen, erst dann durfte sie wieder regulär in die Kirche gehen.

So sámmá

„Das Hinzugefügte", so lautet die Definition von Eigenschaftswörtern (Adjektiven) im Altgriechischen. Deren gibt es freilich auch in der Mundart unerschöpflich viele. Hier also eine kleine Auswahl für den Alltag …

Wie jemand sein kann

agrádi(g): aufdringlich, streitsüchtig

azipft: gekränkt

dráwi(g): in Eile

gfeanzt: spöttisch, zynisch

goschád: frech

griawi(g): süß, lieb, niedlich

gschnáppi(g): schnippisch, frech

gspári(g): schüchtern

kischt: eigenartig, sonderbar („á kischts Kind")

loamlackát: faul, träge

láb: faul, fad

fruadi(g): emsig, rege, tapfer, gesund

hinterrucks, hinterfotzig: heimtückisch, hinterlistig

kráwutisch: zornig

mudlsauber: fein, sauber (Mudl: Katze)

nánnálát: verschroben, absonderlich gekleidet, zimperlich

rogli(g): kraftlos

rüglsám: arbeitslustig, behände, beweglich

schialá, schiahlih: hässlich („Do wird da gaunz schialá", „So á schialáná Kunt")

siebmseidán: um den heißen Brei herum reden; wenn man aus jemandem nicht klug wird („Der is' siebmseidán")

stu(b)mruassi(g): jemand, der nicht aus dem Haus geht, auf dem schon der Ruß haftet, weil er nicht die Stube verlässt

terisch: schwerhörig

trámhápát: schlaftrunken

waumpát: dick

z'fledert: zerzaust

z'nepft: verdrossen

zwidá: lästig

zwietráchti(g): Streit suchend

Leischn und Stráwánzer

„Du bist á Leischn!", „Du bist á Stráwánzer!" Im Laufe der Kindheit hat wohl jeder schon einmal diese beiden Sätze zu hören bekommen. Beides ist liebevoll gemeint für ein Kind, das sozusagen „Hummeln im Hintern" hat, also viel unterwegs ist. Der Ursprung des Wortes **„Stráwánzer"** dürfte auf das lateinische „in strata vagari" (also auf den Straßen umherschweifen, herumziehen) zurückzuführen sein. Mehr über den Ursprung dieser beiden „Schimpfwörter" steht im Wörterbuch zur oberösterreichischen Volksmundart von Otto Jungmair und Albrecht Etz ...

Leusch, der: weibernärrisches Mannsbild

Leuschn, Leischn:
1. hintere Stemmleiste am Leiterwagen
2. Scheltwort für läufigen, umherstreifenden Hund, auch für umherziehendes, männernärrisches Weibsbild (vom mittelhochdeutschen Wort „liuhse")

leuschn, leischn: umherziehen, flanieren; meist: leuschn gehen, ausgehen; Begegnung mit dem anderen Geschlecht suchen

Stráwánzer, der: ein müßig Umherziehender, Strolch

stráwánzn: umherstrolchen, sich herumtreiben (von „strabln", eilige Bewegung machen, zappeln)

Obwohl die Erläuterungen doch ein wenig hart klingen, so hat sich im Laufe der Jahrzehnte die Bezeichnung vor allem für Kinder etabliert. Mundart- und Brauchtumsexperte Klaus Huber sagt: **„‚Leischn'** gilt freilich für beide Geschlechter. Vor allem aber Kinder, die ständig (draußen) unterwegs sind (**‚leischen'**), werden als **‚Leischn'** bezeichnet. Mit den **‚Stráwánzern'** verhält es sich gleich."

Miaslsüchtig

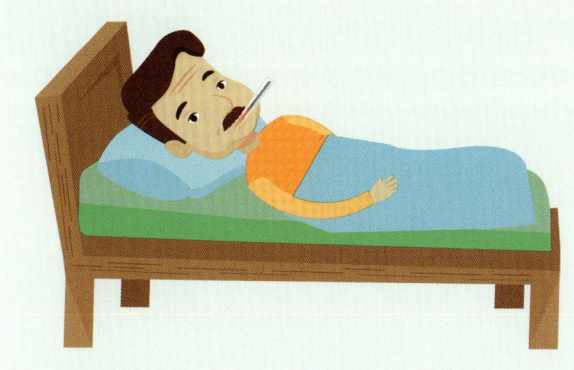

Wer sich nicht ganz fit fühlt, der ist **„nöt g'sodn und nöt bratn"**, also nicht gesotten und nicht gebraten, was so viel bedeutet wie „nicht gesund und nicht krank". Da hilft nur Ruhe und/oder Medizin, denn **„Lötz muass Lötz vátreibn"** – bittere Medizin muss die Krankheit vertreiben, damit es **„zitzerlweis"** („nach und nach", „Schluck für Schluck") wieder bergauf geht. Am Medizinsektor hat die Mundart aber noch mehr zu bieten: Wie wir **„bánaund"** sind, wenn wir uns krank fühlen …

Im Gegensatz zu **lötz** und **márod** (schwach, kränklich) bedeutet **miaslsüchtig** auch, schlecht beisammen zu sein, was auch die Großelterngeneration gerne bei (gebrechlichen) Gleichaltrigen verwendet … („Der is' á scho' á weng miaslsüchtig").

Und wenn man es dann schon **„kloa bánaund"** hat, also schwer krank, antriebslos, schwach (auch von der Arbeit) ist, dann ist man **„todschláchti(g)"**.

Hilft alles nichts mehr, dann wird man **„vásehgn"**, erhält also die Krankensalbung.

Wer allerdings lediglich einen Schnupfen hat, der hat **„d' Straucká"**. Und wenn jemand niesen muss, dann antwortet man mit **„Helfáts God"** („Helfe dir Gott").

„D´Froasn" hingegen betrafen die Kinder. Dabei handelt es sich um einen Fieberanfall (allerdings bedeutet es auch, Angst zu bekommen). Kindern wurde weiland eine **„Froasnkettn"** umgehängt, eine Kette mit Kruzifix, Eicheln, Münzen, Sargnägeln und Allerlei … – so schreibt Otto Milfait in seiner Buch-Serie „Das Mühlviertel. Sprache, Brauch und Spruch".

Körper

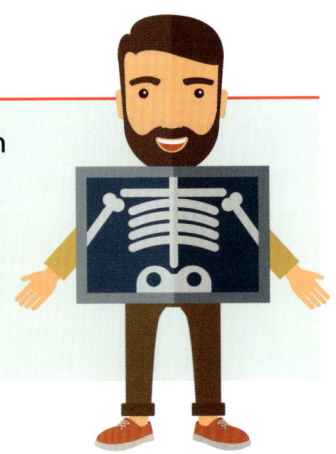

„Á Mensch" ist nicht gleich ein Mensch, das wissen wir bereits. Denn während **„á Mensch"** ein Mädchen ist, ist der Mensch schlicht ein Mensch. Und um Letzteren geht es hier. Denn vom Schädl bis zu **„de Zeháná"** gibt's entlang des Körpers jede Menge Begrifflichkeiten.

Der Körper

Boa, Boaná: Knochen
Gstell, Gstö(h): Körper
Schedl: Kopf
Zodn: lange Haare
Fotz: Gesicht
Schnoferl: Miene, Gesicht
  („Ziag nöt so á Schnoferl.")
Ehrl, Ehrwaschl: Ohr
Páppn, Páppálátur: Mund
Gnáck, Kráwáttl: Genick
Keu: Kinn
Bugi, Bugl: Rücken
Iáxn, Üachse: Achsel
Ábortdeckl: übergroße Hände
  (so groß wie ein Klodeckel)
Prátschál: kleine Kinderhände
Dámfinger: Daumen
Háxn: Füße
Wádl: Wade
Kögl: Fußknöchel
Zeháná: Zehen

Was man haben kann

Düwö: Beule
Ziahliacht: Brandblase
Materi: Eiter
Maser: kleine Narbe
Schnággerlstessen: Schluckauf

Eigenschaften

laungzodád: mit langen Haaren
grábschedlád: mit grauen Haaren
glatzkopfád: mit einer Glatze
reckaugád: mit hervortretenden
  Augen
bázaugád: mit entzündeten Augen
hoibuglád: mit krummem Rücken
krumháxád: mit O-Beinen
zugháxád: mit hinkendem Gang
grobschláchti(g): mit grobem
  Körperbau
reot gstalti(g): mit roten Wangen
  (rote Gestalt)

Wia des Jahr hoit so láft

Tag fia Tag

Noch vor Jahrzehnten lernten wir in der Schule, dass der Montag zwar der erste Tag der Woche sei, aber die Woche einst am Sonntag begann, was der christlichen Tradition zugrunde lag. Seit 1975 richtet sich die Einteilung der Woche aber nach der Internationalen Organisation für Standardisierung (ISO) und die empfahl, die Woche mit dem Montag beginnen zu lassen.

Generell wurden die Tage nach Planeten benannt, wie in manchen Sprachen auch noch erkennbar ist (Montag – Mond; Dienstag – Mars (franz: mardi) …).

Mandá: Montag (Mond)
Irchtá, Eredá: Dienstag (Mars)
Mittichá, Mirichá, Mittöchá: Mittwoch (Merkur)
Pfin(g)stá: Donnerstag (Jupiter)
Freidá: Freitag (Venus)
Samstá: Samstag (Saturn)
Sundá: Sonntag (Sonne)
Feichtá: Feiertag

da foast Mandá: der feiste Montag (Faschingsmontag)
Eschámidechá: Aschermittwoch
Antlaßpfin(g)stá: Gründonnerstag
Auffáhrtstag: Christi Himmelfahrt
Kránzltag: Fronleichnam
Fastweihnachttag: Heiliger Abend
Fercht: voriges Jahr
Vai Fercht: vorvoriges Jahr

Übrigens: Der ursprüngliche Wochenbeginn ist zum Beispiel im Mundartwort für Donnerstag noch zu erkennen. **„Pfin(g)stá"** leitet sich vom griechischen Wort „pente" für fünf ab. Namensgeber für den Donnerstag war wie erwähnt der Planet/Gott Jupiter, der dem germanischen Donnergott Thor/Donar entspricht.

In acht Tag

„Treff má uns am Pfin(g)stá acht Tag." Zu diesem Treffen würden wohl die wenigsten Menschen erscheinen. Zum einen setzt es das Wissen über die alten Bezeichnungen für Wochentage voraus (das Sie ja nun haben), zum anderen darüber, wie denn nun gerechnet wird. Wir erklären dies anhand eines Beispiels mit einem **„Pfin(g)stá"**, einem Donnerstag also …

Auf die Frage „Treffen wir uns am nächsten Donnerstag?" folgt meist die Gegenfrage „Diesen oder nächsten?". **„Pfin(g)stá acht Tag"** lässt da weniger Spielraum. Es ist, ausgehend vom bevorstehenden Donnerstag, exakt eine Woche darauf. Und da es von (inklusive) Donnerstag bis Donnerstag acht Tage sind, heißt es eben „Pfin(g)stá acht Tag". Wäre heute Mittwoch, 17. Juni, würden Sie sich also morgen in einer Woche, also am Donnerstag, 25. Juni, treffen. Wäre heute bereits Donnerstag und das Treffen wird auf **„heut' in acht Tag"** ausgemacht, dann ist es exakt heute in einer Woche.

Ein wenig unpräziser ist da schon die Formulierung **„de Tag"**. Also **„Treff má uns de Tag ámoi"**. Dieses Treffen kann also schon morgen sein, aber auch erst in einer Woche. Erfahrungsgemäß finden solche Treffen allerdings nie statt …

Zum selbigen Thema hat übrigens auch die oberösterreichische Band „Attwenger" ein Lied geschrieben – **„Maunda"** (Mandá), also Montag, heißt es. **„Am Maunda in acht Tag, do is es daun so weit …"** Ob es dann auch wirklich so weit war – was auch immer – das müssen Sie bitte selbst nachhören …

Ostern

Ostern ist ein besonders feierlicher Anlass. Die Woche vor Ostern ist die Karwoche. Und der Überlieferung nach schützen jene Eier, die am **„Antlaßpfin(g)stá"**, also dem Gründonnerstag, gelegt werden, vor Hexerei und Unglück. Sie werden auch am Ostersonntag zur Speisenweihe gebracht. Die **„g´weichten"** (geweihten) Speisen werden dann zu Ostern gegessen. Das Wort **„Antlaß"** kommt, wie so oft, aus dem Mittelhochdeutschen: „antlaz" für Anlass, aber auch Ablass.

Doch Ostern hat noch mehr zu bieten. Aus ihrer Kindheit in Peilstein hat Lydia Steininger den OÖNachrichten diesen Spruch geschrieben:

„Wer ám Karfreidá singt, (weil Jesus gestorben ist)
ám Karsamstá springt, (weil an diesem Tag getrauert wurde)
ám Eostásundá (Ostersonntag) d'Sun váschlaft,
der hot sei Sö (Seele) dá Höll vákáft."

Ein weiterer Spruch, passend zu Ostern, kommt aus der Gegend um Gramastetten:

„Hau ea eh i á á Oa aui."
(Ich habe ihnen eh auch ein Ei hinausgelegt.)

Die Erklärung dazu: Manche Bauern legten den armen Leuten, die vorbeikamen, Lebensmittel vor die Haustüre.

Es wird grob

„Des is á Wöder für unsre Knecht: Arbeitn´s nix, so froist´s es recht!" (Wenn die Knechte bei diesem kalten Wetter nicht fleißig arbeiten, dann frieren sie.) So pragmatisch konnte einst aus schlechtem Wetter auch etwas Gutes gewonnen werden.

Wenn der Bauer dann allerdings sagte **„Für morgn möld't er grob"**, dann war klar, dass morgen ein (massives, grobes) Unwetter aufziehen wird. Mit „er" war schlicht der Radio-Meteorologe gemeint. Kommen wir nun zum Wetterbericht:

Lisl: Sonne
Newö: Nebel
Newöhaubm: Nebel, der die Bergspitzen verdeckt
  (Die Berge haben eine Nebelhaube.)
á Wöder/Wedá: ein Unwetter
Regenwurzn: Regenwolke
Schrá: Hagelkörner
á Schütter: ein heftiger, meist kurzer Regenguss
sedern, schledern, wáschln, flessln: stark regnen
táschln: laut regnen
nássln: leicht regnen
riesln: hageln
Himmlátzer, himmlátzn: Blitz, wetterleuchten
Bögl, es böglt: Gewitterwolken; ein Gewitter braut sich zusammen
Ghilb: Haufenwolken
Hoaruck, hoarucki(g): Dunst in der Luft, diesiges Schönwetter
´s wáchlt, ´s wáht: Der Wind weht
wöderschláchti(g): schwüles, drückendes Wetter vor einem Gewitter

„latzt kanns es abá!"
Jetzt kann es (das Wetter) aber! Spruch, wenn es stark regnet oder donnert.

Groamát

Wir beginnen mit einem geschichtlichen Exkurs: Einst waren wir Menschen „Jäger und Sammler", zogen durch die Lande und taten, was der Bezeichnung gerecht wurde. Doch vor rund 12.000 Jahren gab es eine Zäsur, genannt die neolithische Revolution. Die Menschen wurden sesshaft, lernten, wie sie Körner zu ihren Gunsten aussäen und nutzen konnten und begannen mit der Viehzucht. Es war der Beginn der Landwirtschaft, der alles Weitere zugrunde liegt und die den Menschen erlaubte, an einem Ort zu bleiben. Vor rund 250 Jahren dann die nächste Zäsur, die Erfindung der Dampfmaschine, die damit einhergehende industrielle Revolution und der Beginn der Fabriksarbeit. Die Landwirtschaft als Brotgeber verlor sukzessive an Bedeutung. Nach dem Zweiten Weltkrieg gab es in Oberösterreich noch 78.000 bäuerliche Betriebe, 2020 waren es kaum noch 25.000. Für immer mehr Bäuerinnen und Bauern bedeutete das sinnbildlich **„Groamát-Zeit"** – also die letzte Mahd.

Die **„Groamát-Zeit"** war dereinst also die zweite und letzte **„Máhd"** des Jahres, auch wenn hie und da noch ein dritter Schnitt von der „lockeren Herbstwiese" zustande kam. Der Anspruch an die Gräser war damals noch nicht so hoch, 3.000 Liter Milch gab eine Kuh ungefähr im Jahr, heute sind es 10.000 Liter und es wird bis zu sechsmal gemäht. Blumenwiesen – und de **„Beavogi"** (Bienen) – haben es da schwer.

Der erste Schnitt im Frühsommer, so der Brauchtumsexperte Alexander Jalkotzy, hieß **„Heumáhd"**, der zweite Schnitt, die **„Groamát"**, erfolgte im Frühherbst. Ein passender Spruch dazu: **„Zu Bárthelmei fallt 's Groamát auf Hei."** Der Gedenktag des Heiligen Bartholomäus ist der 24. August.

Das **„Heign"** oder **„Heugn"** war eine anstrengende Arbeit, bei der die ganze Familie und, wenn es sie gab, auch die Knechte und Mägde mitarbeiten mussten. Mit Sensen und Rechen wurde **„g'máhd"**. Mein Großvater, der eine kleine Landwirtschaft und ein Gasthaus betrieb, stand damals um vier Uhr auf und begann zu mähen – später erleichterte der Motormäher die Arbeit. Die Kinder mussten mit dem Rechen **„dauná rechá"**. Danach wurde der Schnitt mit der Heugabel **„g'stráht"** und anschließend mit dem Rechen **„umkehrt"**. Am Abend wurde der Schnitt **„aufg'máhdlt"**, also zu einer langen Zeile zusammengerecht, um ihn wiederum im Anschluss zu **„schöbern"**, also zu einem **„Schober"** aufzuhäufen. Tags darauf wurde **„g'stráht"**, also auseinandergestreut, damit es schneller **„g'heigt"** (trocken) war.

War der Schnitt dann trocken, wurde er auf einen Leiterwagen **„aufg'schlagn"** (hinaufgehievt) und mit einem **„Wiesbám/Wischbám"** niedergedrückt. Der **„Wiesbám"**, ein langer, entrindeter Baumstamm, wurde hinten und vorne mit einem Seil niedergebunden. Ein Ochs, eine Kuh oder ein Pferd wurden dann mit einem **„Oanspánn"** am Leiterwagen festgemacht und zogen das **„Fáchtl"**, die Heufuhre, zurück zum Hof, wo das Heu in den **„Heuboden"** kam.

Wenn sich allerdings nach der **„Máhd"** ein Unwetter zusammenbraute, musste es **„aufg'hüfelt"** werden. Dazu wurden lange Stöcke waagrecht an in die Erde geschlagene Pfosten gebunden und das Heu aufgehängt. Hier blieb es dann, bis es wieder trocken war.

Das Wort **„Groamát"** stetzt sich aus den mittelhochdeutschen Wörtern „gruen" für grün beziehungsweise „gro", was so viel wie „grün", aber auch „gras" heißt, und „mát" für Máhd zusammen.

Zwielichtig

„Lassts uns Schneiderfei hoit'n." Diesen Spruch hörte OÖNachrichten-Leserin Sophie Löschenkohl stets von ihrer Mutter, wenn die dunkle Zeit angebrochen war. Gemeint hatte sie, dass das Licht, um Strom zu sparen, erst aufgedreht werden sollte, wenn es finster sei. „Nach dem Abendessen hat meine Mutter ihre Näharbeiten wieder aufgenommen. Als Kind hat mir diese ‚blaue Stunde' gar nicht gepasst, weil ich zur Untätigkeit verurteilt war."

Aber wo kommt der Ausdruck **„Schneiderfei"** oder **„Schneiderfeier"** her? Sophie Löschenkohl erklärt: „Die Schneider legten früher zur Dämmerung eine Pause ein, um Kienspan, Kerze oder Lampenöl zu sparen, setzten ihre Arbeit aber am Abend wieder fort."

Der Gallneukirchner Otto Milfait, der sich jahrzehntelang mit Bräuchen und der Mundart beschäftigt hat, klärt in seinem Dialektbuch „Mühlviertel. Sprache, Brauch und Spruch" auf: **„Schneiderfei:** Kurze Ruhezeit am Abend, **‚zwischen Finstan und Siagst mi nöt'**. Es war die Zeit, wo der Schneider seine Nadel nicht mehr fädeln konnte – bis zum Einbruch der völligen Dunkelheit, wo das Licht angezündet werden musste. Das sogenannte **Zwieliacht** war für die Augen schlecht und man vermied es, sie in der Dämmerung anzustrengen. Als **Zwieliacht** (Zwielicht) bezeichnet man den Übergang vom letzten Tageslicht zum künstlichen Licht." In jedem Fall dürfte es dem Schneider im Dämmerlicht nicht gelungen sein, den Faden durch das Nadelöhr zu bringen, und er musste notgedrungen pausieren – also eine kurze „Feierstunde" einlegen.

Das Wort **Schneiderfeier** diente auch als Synonym für Abenddämmerung und Zwischenlicht (Zwielicht). Letzteres leitete sich vom mittelhochdeutschen Wort „zwischenlieht" ab, wobei „lieht" so viel bedeutet wie hell, erleuchtend, klar, schön, glänzend, Schein, Tageshelle, Lampe …

Passend zum Schneider ist auch das Sprücherl, das Helmut Gsöllpointner geschickt hat. Der Linzer Künstler hat sich beim Lesen der Dialekt-Kolumne an seine Kindheit im Mühlviertler Ort Leonfelden (damals noch ohne Bad) erinnert – und an einen Spruch, den er 1946 von seinem Lehrer gehört hat. Dabei geht es um die Beurteilung der Qualität eines Wollfadens einer noch ungeübten Spinnerin …

„Eadáweis wia á Háárl,
eadáweis wia á Fádl,
eadáweis wia á Estánknia,
eadáweis tát sis schia."

(Stellenweise wie ein dünnes Haar, stellenweise wie ein Ferkel (so dick), stellenweise wie das Knie einer Elster, stellenweise fast in Ordnung.)

„Eadáweis" (auch „örterweise" geschrieben) bedeutet auch „mancherorts".

So á Bock

All jenen, die den Vornamen Simon tragen, sei dieses Kapitel gewidmet. Konkret jenen, die nach dem Apostel Simon Zelotes benannt sind, denn sie feiern am 28. Oktober ihren Namenstag. Und anlässlich dieses Tages gibt es auch diesen wunderbaren Ausspruch: **„Du schaust drei(n) wia dá Bock zá Simoni!"**

Doch was bedeutet er? Geduld! Hier der Reihe nach Erklärungen, die wir von unseren Leserinnen und Lesern erhalten haben, um dieses Rätsel aufzuklären …

Wenn jemand perplex ist oder verdutzt dreinschaut, dann heißt es: **„Du schaust drei(n), wia dá Bock zá Simoni."** Denn rund um Simoni, also den 28. Oktober, **„bocken"** die Geißen (verlangen nach einem Bock), um trächtig werden zu können. Nicht immer aber war der Bock mit seiner Rolle glücklich, er hatte nach einer Weile keinen Spaß mehr daran.

Daher, Erklärung 1, hört jemand, der mit einer Situation unglücklich ist und dies durch seinen Gesichtsausdruck deutlich macht, eben diesen Satz. Aber es kann auch sein, dass der Bock nach so viel Einsatz schlicht abgekämpft aussieht – was ihm wiederum anzusehen ist. Immerhin: Die „Brunft" der Ziegen beginnt im August, bis Oktober ist es also lange. Daher, Erklärung 2, hört den Spruch jemand, der erschöpft wirkt, abgekämpft und ramponiert aussieht. Sollte jedoch, Erklärung 3, der Bock mit der „Arbeit" fertig sein, hat er nichts mehr zu tun – ihm ist langweilig. Also passt der Spruch auch zu jemandem, der gelangweilt aussieht.

Wissen 1

Sind nur die Geißböcke gemeint? Ja, denn die Rehe haben die Brunft im August und beim Rotwild, das zwar ebenfalls um Simoni Brunftzeit hat, heißt das Männchen nicht Bock, sondern Hirsch.

Allerdings hat Erklärung 4 schon mit den Re-hen zu tun. Denn mit dem 16. Mai, der eben-falls dem Simon gewidmet ist, begann frü-her die Jagd auf die jungen Rehböcke. Und auf wen die Gewehre gerichtet sind, der hat wohl auch nicht viel zu lachen ...

Wissen 2

Brunft oder Brunst – beides bedeutet das Gleiche, beides gilt, wenngleich meist von der Brunft gesprochen wird. Es meint sowohl die Zeit der Paarung(sbereitschaft) als auch den Zustand der geschlecht-lichen Erregtheit. Bei den Ziegen wird jedoch eher das Wort „bocken" ver-wendet. Brunft und Brunst haben ihren Ursprung übrigens beide im Alt-hochdeutschen:

Brunft: brummen (Althochdeutsch „breme")
Brunst: brennen (Althochdeutsch „brunst")

Dá Nikolaus

„Geht's nöt mit Guatn, hilft sunst nix als wiar á Ruatn." Ja, Anfang des vorigen Jahrhunderts aufzuwachsen war mit einer ordentlichen psychischen Belastung verbunden. Kommt heute – wenn überhaupt – nur der Nikolaus am 6. Dezember zu den Kindern, so hatte er einst eine ganze Entourage dabei. Habágoaß und neun Krampusse begleiteten ihn. Wie es damals in der Stube zugegangen sein muss? Der gebürtige Innviertler und spätere Langzeitbürgermeister von Kremsmünster, Franz Hönig (1867-1937), hat den Besuch des Gabenbringers in einem großartigen Gedicht beschrieben. Der Mundartdichter Helmut Wurmhöringer aus Antiesenhofen hat das Buch, in dem Hönig das Gedicht erstmals veröffentlichte, in seinem Bücherregal stehen und den OÖN zur Verfügung gestellt. Hier das (fast vollständige) Gedicht … Viel Vergnügen!

Nikolaui is á Zeit,
dö bringt Schrocká und bringt Freud.
Wann á kimmt, dá Nikolo,
sán dö brávn Kiná froh,
denn dö selbign haben schen lachá,
dö kriagn häufti guate Sachá,
Zwötschkn, Kletzn, Nuß und Öpfl,
ja, mei Freund, da reißt's eahn's Köpfl,
wann's auf's Tálá schaun auf d'Nacht,
was dá Nikolo alls bracht.

Abár für dö besn Fratzn,
dö oftmächti kriagn án Patzn,
in dá Schul, weil s' öftá lüagn,
odá schlechte Notn kriagn,
und für dö dö lehrn, dö guatn,
nixö nutzn, bringt á d'Ruatn …

Wann `s noh Tag is, bei dá Liachtn,
da schrein d' Buamá: „Nur nöt fürchtn,
wann á kimmt dá Nikolo
fahrn má halt ganz oanfach a,
na, was kann uns nachá gschehng?
Soll nur kemmá, wern ´s schon sehgn."

„Jessás ná, i han was ghert!",
schreit auf oanmal oans und plerrt,
und wia wanns dá Blitz hätt troffn,
haben si allsamt glei váschloffn.

Kám is's abár wiedá still,
gibt's a fürchtálichs Gebrüll.
D'Tür springt auf und in dá Mittn,
rechts und links á paar Levitn,
steht dá Nikolo in Zimmá
und koa Mauserl rührt sie nimmá.
Dös wár freili noh nix gwösen,
abár d' Krampus mit dö Bößn,
dö in Zimmá umáteufeln,
bringn dö Kloan schier zum Vázweifln.

Jessás und iazt d' Habágoaß,
dö vásteht erst gar koan Gspoaß.
Alle Augenblick kriagt s' án Blangá
zan in Zöga eini z'fangá. ▶

Endli fragt dá Nikolo:
„Koani besn Kiná da?"
„Ja, dá Xáverl", sagt aft d'Muadá,
„und dá Jagl, á koa Guatá,
haben nöt g'folgt dös ganze Jahr,
fangán sö's nur mit, dö zwoa!"

„Guat", sagt Nikolo ganz gránti,
„kemmts nur dauná, á lá wánti,
Krampus, táts eure Pflicht
und verschonts dö Lumpen nicht,
denn es muß auf dieser Erdn,
wás nicht folgt, bestráfet werden!"
D'Habágoaß, dö schreit schau grimmi:
„Warts, ös Lumpn, enk zwoa kimm i!"

Und dö Krámpus voll Válangá
wölln's schau richti dauná fangá.
Bua, iazt fangán's an zán Bittn,
packán d'Muadá glei um d'Mittn,
„Bitt ihná, Herr Nikolo,
Krampus, bitt enk, laßts uns da!"

„Gut, ich werd euch etwás ságn",
sagt dá Nikolo, „zwei Frágn
werde ich euch auferlegen.
Wißt ihr es, dann meinetwegen
sei die Stráfe euch geschenkt.
Doch, wenn nicht, dann werd's ihr
tränkt,
in den großen Wassákrandá,
alle beide miteinandá.

Sagt mir, wer gibt in der Not
jedem Armen auch sein Brot,
und wer, wann ihr schlaft bei Nacht,
auf der ganzen Erde wacht?"

„Heilige Máriá Táferl",
denkt si hoamli iazt dá Xáverl,
„Bruadá, dös is abár leicht",
und aft sagt ár in án Eicht:
„Der, der allmal bei dá Nacht,
wann dö anern schlafán, wacht
und den Armá oft án Wöcká
göbn tuat, das is unsá Böcká."

„Seit wánn is denn", schreit vor Zorn,
„Unsá Herrgott Böcká worn",
dann dá Nikolo, „du Kerl!
Krampus fangts'n bei dö Öhrl!"
Und dá Xáverl, wiar á Narr,
flehnt und schreit: „Ös is ja wahr!"

Moant á nu, er hätt's dáratn,
Bua iazt hat's eahm aber gratn,
für den Einfall für den guatn,
kriagt ár's grimmi mit dá Ruatn,
wird dá Habágoaß, dá langá,
hint in Zögá einigfangá.

„Und dö zweite von dö Fragn,
Jagl, dö wirst du mir sagn",
sagt dá Nikolo, „drum schleuni,
sag má d'Hälfti iazt von neuni!"

„Da", sagt aft dárnach dá Jagl,
„bin i ganz in Wiglwagl",
schaut'n Nikolo aft an,
„Teuxl", denkt á, „hat mi schaun,
fünf sán z'viel, und wann i denk,
wern má vieri wiedá z'weng."

„Ja, i bitt, wanns nixö macht,
zwoamal vieri wár halt acht,
und den neuntn, wögn án zweitn,
tát i halt dáweil auf d'Seitn."
„Guat", sagt Nikolo, „gib acht,
wia ma so á Rechnung macht",
tuat dá Habágoaß dann deutn:
„Siagst, da drinát hast den zweitn,
mársch mit dir in Zögá eini,
wart, i lern dá zöhln bis neuni."

Und dö Krámpus vollá Gschwindn
packánd'n glei vorn und hintn,
und zum Xáverl zu den anern,
muaß á iazt einiwandern.
Und dös ganze Schrein und Woan,
vo dö Kiná, vo dö kloan,
nutzt nix, denn dá Nikolo
der is halt wögn den schau da.

Doh, auf oanmal sagt á freundli:
„Kinderchen, ös denkts warscheinli,
dáß i nettá wögn dö besn
Kinder bin heut dágewesn? ▶

Jedoch für die bráven, frommen
Kinder bin ich auch gekommen.
Viele schöne süße Gáben
soll, wer bráv is, heute hában.
Böses kann ich nicht verschonen,
will dás Gute nur belohnen.
Jetzt seids bráv und legts enk nieder!
Krámpus und i, geh má wieder!"

„Bitt di, bitt di", sagt á Kloaná
und fangt recht an zum Woaná,
„bitt di schen, Herr Nikolo,
lass uns dert'n Xáverl da!"
Und dö anern voll Dábarmá,
bittn áh glei für den armá
Jagerl, daß án nöt soll tränká,
soll eahms noh für dösmal schenká.
Und dá Nikolo voll Güatn,
sagt dárnach: „I will án niadn
d'Straf für dösmal wiedá schenká,
abár geschehgn tuat's nur wögn enká."

Is iatzt dös á Freudengschroa,
dableiben derfn alle zwoa,
Nikolo hat eahn's vásprochá.
Richti sán's aft außá krochá,
aus dá Habágoas ihrn Kübl,
Xáverl auf und auf oan Dübl,
und dá Jagerl moant: „Da hab i
umádum sö Flöck, so blabi,
Bruadá, ös wár völli gscheidá,

wárn dö Kuntn wiedá weidá."
Und wia's wiedá fort san gangá,
wia's schau draußt warn auf dá Straßn,
is schau alles voll Válangá,
was ár eahn denn hintálaßn,
und án iads wár gern dös schnellá,
wei's aft hinschaun auf eahn Tellá
jessás, is da dös á Freud.
So viel Sachá, wárst nöt gscheidt.

Ebert für'n Jagerl und für'n Xáverl:
Is á Ruatn, mit án Táferl.
Drobn stehn tuat: „Geht's nöt mit
Guatn,
hilft sunst nix als wiar á Ruatn."

„Is schau recht, ná dös is gscheidt",
moant dá Jagl vollá Schneid.
„Bua, iatzt solln's már einá kemmá,
nachá wiar i d'Ruatn nehmá.
Wird's schau segn, was nachá gschiacht,
moants leicht gar, i han má gfürcht?"
Schlög kriagn's! Und hat ganz vázagt,
dä Muadá hint beim Kittl packt.

Tálá: Teller

Patzn: schlechte Note

Levitn: im übertragenen Sinn „Gefährten". Von Levi, einem biblischen Stammvater, seine Nachfahren waren die Leviten.

Habágoaß

1. Brauchtumsfigur – kommt mit dem Krampus und dem Nikolaus
2. Ziegenbock
3. Gebäck, das die Form eines Ziegenbocks hat
4. Spottname für einen Schneider

In manchen Regionen kommt die **„Habágoaß"** als gebückt gehende Schreckgestalt gemeinsam mit dem Nikolaus und dem Krampus zu den Kindern – mit Teufelsmaske und Bocksfuß.

á lá wánti: schnell

blábi: blaue

Sonnenwende

Wenn der Nordpol von der Sonne wegzeigt, ist hierzulande – in der nördlichen Hemisphäre – Winterhalbjahr. An dem Tag, an dem die Erd-achse, die ja geneigt ist, am weitesten von der Sonne wegzeigt, haben wir Wintersonnenwende, während auf der Südhalbkugel Sommerson-nenwende ist. „Bei uns ist es damit der Tag mit der längsten Nacht und mit dem tiefsten Sonnenstand am Horizont", erklärt Josef Haslhofer von der Zentralanstalt für Meteorologie und Geodynamik (ZAMG). Der exakte Zeitpunkt wechselt von Jahr zu Jahr, liegt aber rund um den 21. Dezember. Am jeweiligen Folgetag werden die Nächte wieder langsam kürzer. Was das mit Dialekt zu tun hat? Nichts, aber mit Brauchtum, und dieses Paket sei hier aufgeschnürt …

Irmtraut und Oskar Stummer haben den OÖNachrichten darüber folgendes Sprücherl geschickt …

„Nach der Wintersonnenwende wird es wieder heller – und zwar …
… zu Weihnachten: Was á Muckn gaumá mag
(so wenig, wie eine Mücke das Maul aufmachen kann)
… zu Neujahr: Was á Hauh(n) schriaten mag
(so viel, wie die Schrittlänge eines Hahnes)
… zu Dreikönig: Was á Hirsch springá mag
(wie weit ein Hirsch springen kann)
… zu Lichtmess: Oa Stund."

Ergänzend zur Thematik **Mariä Lichtmess** (am 2. Februar) kennt Alfred Pichler noch diesen Spruch:

„Z'Lichtmess kann má s Koh wiedá im Liacht essn."
(Mit „Koh" ist ein Grießkoch gemeint.)

Und noch ein Wort zur Thomasnacht (21. Dezember), in der soll nämlich den Heiratswilligen durch das sogenannte „Bettstaffeltreten" der künftige Liebste erscheinen. Hier die Anleitung: Die Dirn stellt sich aufs Bett, eben so, dass sie die äußerste Bettwand (Bettstaffel) mit der Sohle berührt, und sagt, dreimal aufs Holz tretend:

„Bettstáffel, i tritt di, heiliger Thomás i bitt di,
Lass má erschein' den Herzallerliebsten mein."

Dá Schneekini

Mit dem Schnee ist es so eine Sache. Oben ist es weiß und unten braun oder es ist alles nur noch ein **„Gschlawárád"**. „Gschlawáwas?" Katharina Traxler aus Steinbach an der Steyr, bitte um Aufklärung!

„Als ‚**Gschlawárád'** bezeichnen wir den Schneematsch. Man kann sich im Winter im Schnee eine **‚Schlifitzn'** machen, also eine kleine schmale Rutsch-bahn." Das dazugehörige Verb, also auf Eis oder Schnee rutschen, gibt's natürlich in der Mundart auch: **„schlifitzn".**

Weil wir schon beim Schnee sind: Wie erwähnt, kann es dort **„áwá"** sein (Kreuzworträtsellöserinnen und -löser wissen die Übersetzung jetzt so-fort: schneefrei, vier Buchstaben: „aper") und andernorts des Nächtens **„spuagetzn"** (Flimmern der Sterne im Schnee).

Im ersteren Fall freuen sich die Autofahrer, weil ihnen das Verkehrschaos beim ersten kleinen **„Gauwizzeln"** (Schneetreiben) erspart bleibt und sie selbst nicht Gefahr laufen, in eine **„Schneegwáhdn"** (Schneewechte) zu rut-schen, weil die Straße so **„häu(l)"** ist, also glatt. Im zweiteren Fall, wenn also Schnee liegt, freuen sich die Kinder wie die **„Schneekini"**. Ein solcher hat übrigens nichts mit einem König zu tun, sondern mit einem Vogel, dem Zaunkönig. Der geschützte und kleinste hierzulande lebende Vogel lässt sich nämlich auch vom Winter nicht vertreiben, **„schneiberlt"** es auch noch so arg. Er bleibt im Land und hüpft schon mal über den Schnee, dass man meinen könnte, er freut sich so … naja … wie ein **„Schneekini"** eben.

Wia má hoit so sagt

Dialekt-Orientierung

Der Wiener Schriftsteller Karl Kraus hat in seinem Monumentalwerk „Die letzten Tage der Menschheit" eine sprachliche Verwirrung zwischen Österreichern und Deutschen wunderbar dargestellt. In einer der 220 Szenen über den Ersten Weltkrieg lässt er einen deutschen und einen österreichischen Soldaten miteinander parlieren. Während der Deutsche vom „Oberbombenwerfer" spricht, also dem Ober der Bombenwerfer, blickt ihn der Österreicher verdutzt an und fragt: „Entschuldige, wirfst du nicht auch Bomben awá? Also bist du doch auch ein Awábombenwerfer (sprich Obabombmwerfá)."

Damit sind wir mitten drin im Thema der Orientierungsadverbien – **awá, auffi, umi, viri, dauná** … Diese Wortgruppe ist jener äquivalenten Wortgruppe aus dem Standarddeutschen nämlich überlegen. Warum? Ein Beispiel: Will man jemanden in der Hochsprache darauf hinweisen, dass er von etwas (zum Beispiel einem elektrischen Zaun) weggehen soll, müsste man zumindest sagen: „Geh von dem Zaun dort weg!". In der Mundart geht das knackiger: Ein schlichtes **„Geh dauná!"** reicht.

Warum diese sprachliche Präzision der Mundart keinen Eingang in die Standardsprache gefunden hat? Stephan Gaisbauer vom StifterHaus führt aus: „Die neuhochdeutsche Gemeinsprache hielt Ende des 18. Jahrhunderts in Österreich erst langsam mit der Unterrichtspflicht Einzug. Offenbar war jedoch das System der dialektalen Orientierungsadverbien wie ‚dauni', ‚zuwi' … so ausgefeilt, dass ein adäquater Transfer in die Standardsprache nicht gelang."

Aber zumindest die Methodik kann erörtert werden: **„Dauná"** lässt sich etwas sperrig, aber am ehesten noch mit „Geh von dannen" übersetzen. Denn im Wort **„dauná"** stecken das mittelhochdeutsche Wort „dannen" sowie „her" – also „von dannen her". Beides wurde durch lautmalerische Verschleifung – das „von dannen" zum „daun" und das „her" zum „á" – zu **„dauná"**. ▶

i geh owi
(ich gehe hinunter)

kimm auffá
(komm herauf)

i geh auffi
(ich gehe hinauf)

geh owá
(geh herunter)

zwerigst übern Acker
(querfeldein)

gschlacht
(gerade aus)

kimm umá
(komm herüber)

geh umi
(geh hinüber)

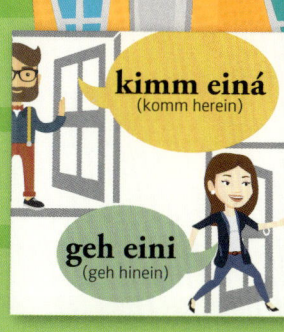

kimm einá
(komm herein)

geh eini
(geh hinein)

drent, ent
(drüben)

herent
(herüben)

geh zuwi
(dort hin)

geh dauni
(geh weg, egal wohin)

iwasi
(obenauf)

untási
(darunter)

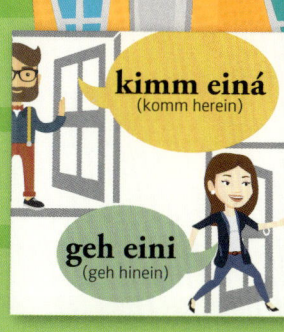

zruck (áschling)
(rückwärts)

viri/vüri (viaschling)
(vorwärts)

geh dauná
(weg von dort)

kimm zuwá
(komm zu mir her)

hibei
(daneben)

hidant
(dort drüben)

„**Zuwi**" hat sich hingegen aus „zu etwas hin" gebildet. Das „i" drückt aus, dass sich der Rezipient, der Angesprochene, „hin" zu etwas Bestimmtem bewegen soll. Auch hier handelt es sich um eine Verschleifung von „hin" zum „i" – also „zu" etwas hin.

Das „i" und das „á" in den mundartlichen Richtungsadverbien geben also die Richtung an, in die sich jemand bewegen soll – „i" für hin und „á" für her. Zusätzlich implizieren beide Mundartwörter ein bestimmtes Objekt, also ein Haus, einen Zaun …

Dann gibt es noch „**gschlacht**" und „**zwerigst**" - also gerade und quer. „**Gschlacht**" kommt vom mittelhochdeutschen „geslaht" (wohlgeartet, edel, schön) und, so vermutet Gaisbauer, hat die Bedeutung „gerade" im Zusammenhang mit dem Wachstum von Holz (gerade gewachsen, schlagreif) entwickelt. Und „**zwerigst**" hat sich einfach nicht gegen das nordostdeutsche Dialektwort „quer" durchsetzen können.

Einfacher ist es zum Glück mit den Wörtern „**awá/awi**" und „**auffá/auffi**". Beides orientiert sich am Verlauf der Flüsse. Je nachdem, wo man wohnt, fährt man dem Fluss folgend also „**awi**" oder „**auffi**".

Klingt in der Theorie etwas kompliziert, in der Praxis sind die Richtungsadverbien aber wie eben in der vorigen Grafik angezeigt anzuwenden …

Án Eicht

„Á Neichtl nu!" Ein Satz, den Kinder immer wieder von ihren Eltern hören – und der sie auch zur Verzweiflung bringt. Denn ein **„Neichtl"** kann sich ewig strecken. Einige Leserinnen und Leser bringt hingegen nicht die Dauer, sondern vielmehr die falsche Aussprache des Wortes auf die Palme …

Falsche Aussprache? Ja. Gehen wir dem Wort einfach auf die Spur. Von der Abenddämmerung war bereits die Rede, das Pendant dazu ist die Morgendämmerung. Diese beruht auf dem althochdeutschen „ûhta". Im Laufe der Jahre wurde aus „ûhta" das Wort Äucht(e).

Nun dämmert es bestimmt schon, denn aus „Äucht(e)" wurde das Wort **„Eicht"**. Und so sollte sie auch heißen, diese undefinierbare Weile, die Kinder zur Verzweiflung und zum Quengeln bringt: Eichtl und keinesfalls Neichtl. Das „N" hat sich also im Laufe der Jahre lediglich wegen der schlampigen oder auch einfacheren Aussprache vom „án" gelöst und vor die Eicht gedrängt.

Den gelangweilten Kindern sei aber geholfen. Nächstes Mal, wenn jemand **„án Eichtl nu"** sagt, antwortet einfach: **„Schlaun di, i hob's dráwi(g)!"** oder **„Lass á weng schlaun!"**

schlaun, dráwi(g): Diese Wörter werden auf Seite 47 erklärt.

Dreierlei von zwei

Von vielen Leserinnen und Lesern der OÖNachrichten-Dialekt-Kolumne wurde ein besonderes Kuriosum eingeschickt, nämlich die Beugung des Zahlwortes zwei. Demnach handelt es sich bei **„zwo"** um zwei Frauen, bei **„zwoa"** um ein Pärchen (also zum Beispiel ein Mann und eine Frau) und bei **„zwe(e)"** um zwei Männer. Einen Leitfaden, wie das in der Praxis zu handhaben ist, gibt unter anderem Traudl Woldrich (1930–2017) in ihrem Buch „Wie's daheim war. Erinnerungen an Oberplan im Böhmerwald":

Zwee – Zwoa – Zwo?

Mir Waldler, ja mir ham á Sprach, dö klingt da nur áso;
Dö hat nu ganz dö olti Kraft – drum sagn mir: „Zwee – Zwoa – Zwo".

Wer hochdeutsch redt, kann so wos nöt, der kennt nix als wia „Zwei".
Ganz anders unser Ausdrucksweis, und derá bleibn má treu!

Ih werd dir iatz dös Ding dáklärn, denk nur recht fleiß mit.
Lous áf, so oafach is dös nit, aft spannst den Unterschied!

Dá Reindl und dá Binder-Sepp, dö siagst da hoamzua geh;
á jeder waglt, plärrt und schreit, dö ham án Rausch – dö zwee!

42

D'Frau Zwickl und d'Frau Schnaderbeck, dö wartnd vorm Büro,
und d'Mäuler gehnt eah grad wia gschmiert, denn Rátschná hánds all zwo.

Dá Bürstnbindá und sei Weib, dö raufand 's ganze Joah;
er prügelt sie, sie prügelt eahm, so prügelns olli Zwoa!

Zwee Hund, zwo Kotzn und zwoa Schof, zwee Gickerl und zwo Küah,
zwoa Roß, zwo Säu, zwee junge Stier – áso Leut, redn mir.

Ja dos is nu dö olti Sprach, und dös klingt frisch und schee,
áso muaß's bleibn bei uns in Wald! Sagt's es nur ihr Leut': „Zwoa – Zwo – Zwee"!

Eingeschickt hat uns diesen Text Margot Kerschner, deren Mutter eine Freundin von Traudl Woldrich war. Beide waren mit ihren Familien nach dem Zweiten Weltkrieg aus dem Sudetenland vertrieben worden. Woldrich lebte danach in Bayern.

Á paar Sprüchál

Die Alten stecken voller Weisheit. Ein Satz, und die Welt ist oftmals wieder ein Stück weit besser – zumindest aber unterhaltsamer ...

„Waun má 's Wissen g'leant hätt fürs Raunzn, hätt má eahm leichtá taun."
Wenn man das Wissen gelernt hätte statt des Raunzens, hätte man sich leichter getan. (Was so viel heißt wie: Hinterher ist man immer gescheiter.)

„Lass dir's nöt stirn!"
Ärgere dich nicht darüber!

„Ránt di nöt so!"
Sorg dich nicht gar so!
(ránten: sorgen, plagen)

„'S Habm geht in Dárm, Dárm wean moa,
mit dia wiads goa."
Das Ärgern schlägt sich auf den Darm, der Darm wird „anfällig" und mit dir geht es zu Ende.

„De guadn Gedaungá und de hátschátn Ross kemán oiwei zán Schluss."
Die guten Gedanken/Ideen und die lahmenden Pferde kommen immer zum Schluss (hinterher, danach).

„Der wü ois übers Knia brechn."
Jemand ist hektisch und ungeduldig.

„Birn awábeidln und Leit aufwecká soi má nöt, de kemán alle vá söwá."
Birnen herunterschütteln und Leute aufwecken sollte man nicht, die kommen alle von selbst.

„Iawigsmal ziemt mi schier – leg i mi á weng her zá dir. Awá glei wiedá foit má ei, heit lass má's sei."
Wenn sich jemand nicht entscheiden kann ...

„Es wird scho ebbs gleckád."
Es wird schon gut gehen.

„Zán Essn und zán Betn soi má neamt nettn."
Zum Essen und zum Beten soll man niemand nötigen/zwingen.

„Boas zeent, aft meg(n) má nöt glecká."
Wenn es Probleme gibt, werden wir nicht zeitgerecht fertig.

„Iawö oaná hat oane und iawö oaná hat zwoa und iawö oaná hat koane, aber blangá tát's eam do."
Manch einer hat eine und manch einer hat zwei und manch einer hat keine, aber Lust hätte er doch.

„Iatzt kummt dá Moment, wo dá Aff ins Wossá springt!"
Man steht vor einer schwierigen Situation. ▶

„Des kannst dem Bischof vázöhn!"
Wenn jemand Unglaubwürdiges erzählt ...

„Liabá dágrawöt als dázawölt."
Lieber langsam (mit Bedacht) als gehetzt und nicht so gründlich.

„Probian dán d'Frettá!"
Oftmalige Versuche schließen eher auf Nichtkönnen.

„Der krázlt wia dá Hauh ám Mist."
Wenn jemand eine unleserliche Handschrift hat ...

„Gestán sámmá ám Schmároz g'wesn."
Gestern waren wir auf einer Hochzeit. (Das kommt von „schmarotzen",
also sich auf Kosten anderer laben.)

„Du putzt nur, wo de Pfaffen tanzen."
Du reinigst deine Wohnung nur oberflächlich.

„Ám Viasaum stengán de mehrán Püß."
Am Waldesrand wachsen die meisten Pilze.

„I kann nöt ois dáragön."
Ich kann nicht alles schaffen.

„Bist leicht urkundi?"
Bist du leicht vom Fach, kennst du dich da aus? (Als Antwort, wenn jemand
neunmalklug daherredet.)

Bei(d)n, schlaun, dráwi(g), gnedi

Selbstverständlich hat auch der 46. US-Präsident Joe Biden einen Eintrag in dieses Buch verdient. Immerhin musste er viele Jahre warten, um dann 2020 doch endlich die Gunst der Wählerschaft für sich zu bekommen. Darauf hat er allerdings lange **„bei(d)n/beitn"** müssen. Biden und **„bei(d)n"** – beides wird gleich ausgesprochen und beiden Wörtern ist sozusagen langes Warten innewohnend. Zur Aufklärung …

In einem Volkslied heißt es: **„Halt á weng, beid á weng, bleib á weng stehn."**

Doch was genau bedeutet nun **„bei(d)n"?** Der Ursprung liegt (unter anderem) im Mittelhochdeutschen: Das Wort „bîten" bedeutet nämlich so viel wie warten, erwarten, abwarten, warten auf, verziehen, Frist geben, zögern, bleiben, ausharren, Aufschub gewähren. Ob Joe Biden das bewusst ist? Wir wissen es nicht. Was wir aber wissen ist, wie das Gegenstück zu **„bei(d)n"** heißt, nämlich **„schlaun"**, also beeilen. **„Lass dá schlaun, schlaun di, schlaun lassn …"** – also „beeil dich, sich beeilen". Auch hier steckt der Ursprung im Mittelhochdeutschen – das Wort „sliune" (slûne, slounen) bedeutet so viel wie schleunig, eilen, beeilen – aber auch gelingen und glücken. **„Des hat dá gschlaunt"** heißt es, wenn jemandem etwas schnell und gut von der Hand geht, es gelingt. Es kann aber auch **„nöt schlaun"**.

Wer es allerdings eilig hat, der hat es **„dráwi(g)"** oder **„gnedi"**, weil er viel zu tun hat. **„I bin dráwi(g); I habs gnedi."** **„Dráwi(g)"** stammt vom mittelhochdeutschen „draben", es eilig haben, reiten, traben, sich trollen; **„gnedi"** vom mittelhochdeutschen „genœtic", eifrig, dringend, beflissen, dringlich.

Ein Ausflug ins Englische

Ist Ihnen schon einmal aufgefallen, dass es im Englischen eine Vielzahl von Wörtern gibt, die völlig ident mit dem entsprechenden Mundartwort sind? Zudem gibt es viele, bei denen eine Ähnlichkeit erkennbar ist. Warum das so ist? Beide Sprachen haben sich aus dem Indogermanischen entwickelt und dann vor mehr als tausend Jahren klar voneinander getrennt. Das Englische hat sich aus einer Reihe von westgermanischen Dialekten, die die angelsächsischen Eroberer auf die Insel mitgebracht haben, entwickelt. In unserer Mundart und im Englischen haben sich aber einige Wörter gehalten, die in der deutschen Bildungssprache durch Lehnwörter aus dem Romanischen ersetzt worden sind.

Dazu eine Episode, die mehrere Leserinnen und Leser in fast der gleichen Variante geschickt haben: Als sie in den 1960er-Jahren das Englischbuch „I learn English" bekommen haben, waren sie alle recht glücklich darüber, dass sie schon ein wenig Englisch verstehen. Sie haben sich lediglich über das fehlende „c" gewundert. Bei der Aussprache hat der Englischlehrer dann aber relativ rasch herausgefunden, wer wirklich schon ein wenig Englisch konnte und wer dann doch eher Dialekt sprach …

(**Mundartwort:** Hochdeutsch
🇬🇧 Englisch zum Vergleich)

áfter, aft: danach, nachher
🇬🇧 after
oiwei: immer
🇬🇧 always
Änkö: Fußknöchel
🇬🇧 ankle

dáhoam: zu Hause
🇬🇧 at home
broat: breit
🇬🇧 broad
kleschen: schlagen
🇬🇧 clash

Earl: Ohr
🇬🇧 ear
oanláfi: elf
🇬🇧 eleven
Foam: Schaum
🇬🇧 foam
Freind: Freund
🇬🇧 friend
(„**This is my friend.**":
 Des is mei Freind.)
handsam: attraktiv
🇬🇧 handsome
i: ich
🇬🇧 I
i hear: ich höre
🇬🇧 I hear
i learn: ich lerne
🇬🇧 I learn
mi ziemt: es scheint so
🇬🇧 it seems
Leis: Läuse
🇬🇧 lice

Loam: Lehm
🇬🇧 loam
luag: schau
🇬🇧 look
Meis: Mäuse
🇬🇧 mice
napfitzn: Nickerchen machen
🇬🇧 nap
z'next: als nächstes
🇬🇧 next
Spázi: Freiraum
🇬🇧 space (Latein: spatium)
Sun: Sonne
🇬🇧 sun
Schulerpack: Schultasche
🇬🇧 schoolbag
den aundán Tag: neulich
🇬🇧 the other day
frettn: sich ärgern
🇬🇧 to fret
Drischpl: Türschwelle
🇬🇧 treshold

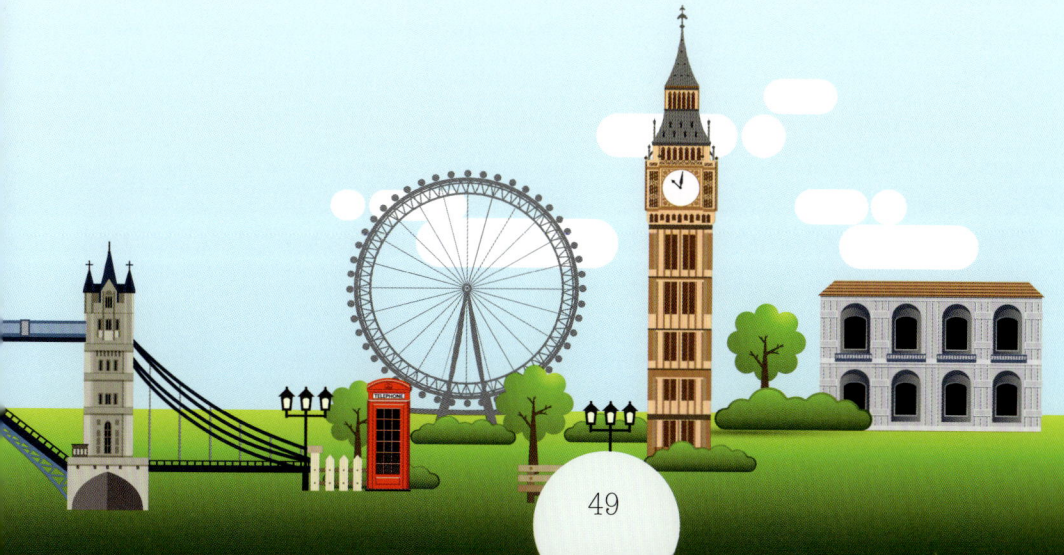

Ein Ausflug ins Französische

„Je m'en fous!" So sagt der Franzose, wenn ihm etwas egal ist. Und weil der Sprachaustausch unter den Kulturen nicht immer ganz linear funktionierte, wurde in der Mundart aus dieser gängigen Phrase der **„Schmáfu"** – also der Blödsinn, unsinniges Gerede. Weil Französisch aber dereinst als noble Sprache galt, die auch im österreichischen Kaiserhaus gesprochen wurde, haben sich so manche importierte Wörter so sehr in die Mundart eingefügt, dass sie beinahe als waschechte „Oberösterreicher" durchgehen könnten. „Diese Wörter sind oft so integriert, dass sie nicht mehr auffallen", sagt Sprachexperte Stephan Gaisbauer. Ob sie auf eine romanische Sprache, wie eben Französisch, oder doch auf das Lateinische zurückgehen, ist jedoch nicht immer ganz klar.

(Mundartwort: Hochdeutsch
🇫🇷 Französisch zum Vergleich)

a(b)paschn: sich aus dem Staub machen, verschwinden
🇫🇷 passer (vorbeigehen)
Ám(a)lettn, Om(a)lettn: Palatschinken
🇫🇷 Omelette (Eierkuchen)
Bálánz: Lenkrad des Fahrrades
🇫🇷 balance (ausgeglichen)
dischgárien: diskutieren
🇫🇷 discuter (besprechen)
(auch aus dem Lateinischen: discutere – zerschlagen, zerteilen)
estámiern: wertschätzen
🇫🇷 estimer (schätzen)
(„Des muás má estámiern.")
gràntig, Gràntscherm: wütend; jemand, der schlecht gelaunt ist
🇫🇷 grand (groß, stark, heftig)

Hávárie: Unglück, Schwierigkeit
🇫🇷 avarie (Schaden)
Ursprünglich kommt das Wort jedoch aus dem Arabischen.
kuschn: sich fügen, schweigen
🇫🇷 coucher (schlafen, hinlegen)
Láwur, Lávoir: Waschschüssel
🇫🇷 Lavoir (Waschhaus)
Kombinesch: zusammenhängendes Unterkleid
🇫🇷 combiné (kombiniert)
málörn: ein Unglück, einen Unfall haben; stürzen, („Den hat's málört.")
🇫🇷 malheur (Unglück)
Páráplü: Regenschirm
🇫🇷 parapluie (Regenschirm)
Trottoa: Gehsteig
🇫🇷 trotter (traben)

Pompfüinebárá: Leichenträger
🇫🇷 entreprise de pompes funèbres
(Bestattungsunternehmen)
páriern: gehorchen, folgen
🇫🇷 obéir (gehorchen, folgen),
parer (abwehren, parieren)
(„latzt párier ámoi!")
Párásol: (Sonnenschirm)
🇫🇷 parasol (Sonnenschirm)
(Der Pilz Parasol heißt hingegen
in der Mundart „Guggamuckn")
Tschäsn: klappriges Auto
🇫🇷 chaise (à porteurs) –
Stuhl (Sänfte)

Psich, Psych: Spiegelkommode
🇫🇷 psyché (Drehspiegel)
Anmerkung: Das „Wörterbuch der
Gegenwartssprache in Österreich"
des Duden-Verlags geht noch weiter
zurück: Benannt ist die „Psyche" nach
der kleinen Figur der Schönheit Psyche,
die oftmals auf solch einer Spiegelkommode stand. Das Mädchen Psyche war
laut Legende so schön, dass Venus, die
Göttin der Schönheit, eifersüchtig wurde. Sie schickte ihren Sohn Amor auf
Erden. Er sollte sich darum kümmern,
dass sich Psyche in ein Ungeheuer ver-
liebt. Doch bei ihrem Anblick verliebte
sich Amor selbst in Psyche …

„Tarock"

Auch das beliebte Kartenspiel „Tarock" kennt französisches Vokabular,
auch wenn es vermutlich zuerst in Italien gespielt wurde:

Die zweithöchste Karte im Spiel ist der **XXI,** auch **Mond** genannt. Jedoch
hat die Bezeichnung nichts mit dem Erdtrabanten zu tun, sondern mit dem
französischen Wort für Welt: „le monde".

Und der **Gstieß?** Der heißt eigentlich „Sküs", ein Wort, das sich vom französischen „excuse", also Entschuldigung, ableitet. Warum? Weil sich die
Franzosen beim Ausspielen dieser Karte stets entschuldigten.

Bleibt noch die **„Trull",** also Sküs, XXI und I (Spatz, Pagat [ital.]) zusammen-
genommen: Wer die drei Karten hat, hat „tous les trois", also alle drei.

Ein Ausflug ins Lateinische

Die Mundart hat eine große Sprachverwandt-
schaft – aber nicht nur zu lebenden Sprachen,
sondern auch zu toten. So wurden in frühen
Zeiten vor allem aus dem Lateinischen zig
Wörter entlehnt. Für ihre Schüler des Gymna-
siums Freistadt hat Sandra Wiederkehr eine
Liste solcher Wörter zusammengestellt – als
Quelle diente der deutsche Sprachwissen-
schafter Peter Heigl.

(**Mundartwort:** Hochdeutsch
   Latein zum Vergleich)

ágrátt: akkurat, genau, just
   accuratus (genau)
Áhnl: alte Frau
   anus (Vorfahr/in)
áper, ápern: tauen,
   schneefrei werden
   aperire (öffnen, abdecken)
bipperln: gerne Alkohol trinken
   bibere (trinken)
blearn: plärren, lautstark werden
   plorare (flehen, weinen)
botschert, Botsch: ungeschickt,
   ungeschickter Mensch
   baceolus (Dummkopf)

Busserl: Küsschen
   basium (Kuss)
flenná: flennen
   flere, flevi, fletum
   (klagend bitten)
Fotzn: Mund, Schlag ins Gesicht
   vox, vocis (Stimme)
Gaudi: Spaß, Vergnügen
   gaudium (Freude)
Gstánzln: kurze Spottlieder
   carmina stantia (Lieder, die
   im Stehen gesungen werden)
Gurgel: Kehle
   gurgulio (Luftröhre)

klauben: aufheben
 glubere (abschälen, wegnehmen)
Kumpel, Kumpán: Gefährte, Freund
cum pane (mit dem Brot: der, mit
dem ich das Brot teile)
Locká, Froschlocká: Lache
lacus (See, Teich)
Most: Obstwein
mustum (junger Wein)

Páppálátur: Mundwerk
pappare (essen, hinunterschlingen)
Páppen, pápperln: siehe Páppálátur
Patsch, patschert: ungeschickter
Mensch, ungeschickt
baceolus (Dummkopf)
Prost!: Zum Wohl!
prosit (es möge nützen)
stántápedá: sofort, unverzüglich
stande pede (stehenden Fußes)

Ein Ausflug ins Ungarische

Einst war Oberösterreich, also das *Land ob der Enns* (Óperencia), für die Ungarn das Schlaraffenland. Ein fernes Ziel für die Stationierung der Truppen. Denn: Die Enns war der westlichste Fluss, den sie noch erreicht haben. Irgendwann zwischen damals und dem Ende der K.-u.-k.-Monarchie hat jedenfalls ein Sprachaustausch stattgefunden. Aufklärendes über ungarische Lehnwörter hat auch der Sprachforscher Stephan Gaisbauer vom Oberösterreichischen StifterHaus parat: Es gab eine weit verbreitete mittelosteuropäische Verkehrssprache, die von den Habsburgern dominiert war – es fand ein reger Austausch von Lehnwörtern statt. Einige, die davon in unseren (mundartwörtlichen) Sprachgebrauch eingegangen sind, haben wir hier aufgelistet …

(Mundartwort: Hochdeutsch
Ungarisch zum Vergleich)

máschek: andere; andere Seite
másik
tschinallen, tschinein: hart arbeiten
csinál
Teschek, Deschek: bitte (also jemand, der immer „bitte" sagt; jemand, der sich ausnützen lässt)
tessék
Tollpatsch: Sohle
talp
(Soldatensprache für Breitfüßige, die keine Schuhe anhatten, sondern nur Sohlen, die mit Schnüren befestigt waren – daraus wurde eine Spottbezeichnung: der Tollpatsch)
Schinákl: Boot
csónak

Mulátschák: Fest, Feier
mulatság
(hierzulande eher im Bereich um Wien – siehe auch Karl Kraus „Die letzten Tage der Menschheit": „Gestern hob' i mulatiert", also gefeiert)
Bázi: Onkel
bácsi
(Ältere Männer werden generell als „bácsi" bezeichnet. Das bayerische „Bazi" – Schlingel, Gauner; aber auch abwertend für die Bayern – hat hier seinen Ursprung.)

Ausdrucksstark

Die Redaktion des Duden-Verlags (Wörterbücher) hat auf Facebook eine schöne Initiative gestartet und Wörter aus anderen Sprachräumen gesammelt, die im Deutschen fehlen. Als Beispiel brachten sie „Tsundoku", also Bücher zu sammeln, ohne sie je zu lesen, oder „Komorebi", ein Wort aus dem Japanischen, das das Sonnenlicht beschreibt, das durch die Blätter von Bäumen scheint. Solche Wörter gibt es auch in der Mundart, für sie gibt es aber kein entsprechendes Äquivalent im Deutschen.

gschmoh: nett, lustig, gemütlich – es beschreibt ein ganzes Lebensgefühl (aus dem Salzkammergut)

gámá: Damit ist nicht nur bloß „das Haus hüten" gemeint, sondern zudem ist damit verbunden, dass die anderen aus dem Familienverbund zu einer Hochzeit oder zur Kirche gegangen sind.

„D'Omá is dáhoam bliebn ins gámá": Also, die Oma ist zu Hause geblieben, während die anderen zur Hochzeit gegangen sind.

ságetzn, sipfitzn: Damit ist das Geräusch gemeint, das entsteht, wenn man durch eine nasse Wiese geht; eine Art saugendes Geräusch.

schlifitzn, schlipfátzn: auf dem rutschigen oder eisigen Boden dahinrutschen

wáss: Es bezeichnet das Gefühl, wenn man über ein Stoppelfeld oder spitze Steine geht. (Im Mittelhochdeutschen bedeutet das Wort „wasse" schneiden beziehungsweise scharf.)

Dádáismus

Zu Beginn der 1920er-Jahre verbreitete sich in Kunst und Kultur der Dadaismus, eine Stilrichtung, die Normen negierte und quasi alles zur Kunst erhob. Im Dialekt gibt es den „Dádáismus" schon seit jeher. Konsulent Klaus Schöfecker aus Linz hat die folgende Sammlung an Wörtern angestoßen, sie wurde von den Leserinnen und Lesern ergänzt. Damit sollte auch bewiesen sein: Dialekt ist Kunst!

dábámá: bemitleiden

dádámmt: schimmelig

dádeat: vertrocknet

dádepscht: zerdrückt

dádodát: verschreckt wirken

dáfaungá: aufrappeln, erholen

dáfeun: verfaulen

dáfreat, dáfroisn: erfroren

dáfah(r)n: überfahren (Unfall)

dáfragn: erkundigen, hinterfragen

dáglangá: etwas in Reichweite haben

dágrewön: gerade noch erwischen, ergreifen

dáháschbin: stolpern

dákemmá: erschrocken

dáklöcká: zeit- oder mengenmäßig erreichen

dálegn: erdrücken, plattdrücken

dálogn: gelogen

dámurksn: umbringen, töten

dárenná:
1. bei einem Verkehrsunfall getötet werden
2. gerade noch rechtzeitig ankommen
3. Ausdruck der Wut: „I kunnt di …"

dásoffn: ertrunken

dástessn: bei einem Verkehrsunfall getötet

dáwaschlt: durchnässt

dáweil: unterdessen

dáwischt: gefangen, ertappt

dáwuzelt: (schwer) gestürzt

dázöhn: erzählen

i dárát: ich täte, ich würde

Passend zum ‚Dádáismus' gibt es auch diesen Spruch, der mit ein wenig Übung auch unfallfrei über die Lippen geht:

„Dá Dauni sagt zur Dauni: ‚Dauni, geh dauni, sunst renn i di dauni.'
De Dauni geht net dauni, da rennt der Dauni de Dauni dauni."

-itzn, -átzn oder -etzn

Bei einem Treffen mit ihren Schwestern im Oberen Mühlviertel hat sich SR Irmlinde Lang von den Kreuzschwestern in Linz über die Dialekt-Kolumne in den OÖNachrichten unterhalten. Herausgekommen ist eine wunderbare Liste mit Wörtern, die allesamt auf das Suffix (Nachsilbe) **-itzn** (beziehungsweise **-átzn** und **-etzn**) enden. Nach und nach wurde diese Liste in der Kolumne ergänzt.

bleangitzn: blinzeln, kokettieren

bogátzn: zittern, sich ängstigen

briagátzn: trödeln

flodrátzn: flattern (junger Vogel)

fungitzn: blitzen, Funken sprühen, mit dem Feuer spielen

glungátzn: glucksen

gigátzn: etwas mit hoher Stimme sagen

gogátzn: gackern

goamátzn: gähnen

greamletzn: stark donnern

gugetzn: hervorlugen, hervorgucken

himmletzn: wetterleuchten

himpfátzn: schluchzen

juchetzn: juchzen

knoarátzn: knarren

krágetzn: heiser sprechen

lechetzn: hecheln

maugetzn: miauen

megátzn: meckern

mongátzn: glänzen

mugetzn: heimlich kichern

mungetzn: munkeln

napfitzn: schlafen, Nickerchen machen

pegitzn: Hühner pecken; sticheln

pfipfetzn: lustig pfeifen

pfugátzn: kichern

quoigetzn: schrill reden

quigletzn: quietschendes Rad

rupfetzn: Hühner, die Gras rupfen

ságetzn/sipfitzn: vor Nässe triefender Boden

seirátzn: mit Füßen in den Matsch (Gatsch) steigen

schlipfátzn/schlifitzn: dahingleiten, am Eis rutschen

schlungátzn: schlürfen

schnopfátzn: die Nase hinaufziehen

schorátzn: knirschen (mit den Zähnen)

stibitzn: heimlich etwas wegnehmen

stigátzn: stottern

suffitzn: etwas schlürfen

spiagletzn: spiegeln

spuagetzn: flimmernder Schnee, Sterne

vágigátzn: sterben

weagátzn: wackeln

wechátzn: jammern

zegitzn: sekkieren

Wia má hoit so lebt

Kleidsam

„G'schámpert und g'schneitzt" – nur ordentlich angezogen und (im übertragenen Sinn) sauber darf das Haus verlassen werden. Und keinesfalls darf die **„Pfoad"** heraushängen. Für die Arbeit tun's aber auch der Viafleck und die Triadling. Anziehen in der Mundart …

g'schámpert: fertig angezogen

„G'schámpert und frisiert" beziehungsweise **„g'schámpert und g'schneitzt"** – also fertig zum Gehen

aulegn: sich anziehen, „Gewand anlegen"

Pfoad: Hemd mit einem schmalen Kragen (Wollte man es feiner haben, dann trug man dazu ein „Schmisl", also einen separaten Kragen, der zusätzlich um den Hals gelegt wurde.)

Pfoadstutz'n: Hemdzipfel

Leiwökittl: Kleid

Howáluck: Herrenmantel mit Schulterkragen

Stutzá: kurzer Lodenmantel

Hussinand: langärmelige und langbeinige Ganzkörperunterwäsche für Männer

Untergátti: (lange) Unterhose

Feichtábládl: Halbschürze

Totschn: alte Schuhe

Tschábásdeckl: Hut, Kopfbedeckung

Triadling: Holzpantoffel mit Lederoberteil

Holzbummerl: ebenfalls Holzschuhe (Das Lederoberteil war oft aus alten Lederschuhen gemacht, am Rand der Sohle wurden sie noch mit Blechstreifen beschlagen.)

Pumpádor: beutelförmige Handtasche mit Tragering

Fláchl: minderwertiges, verschlissenes Kleidungsstück

Viafleck: (blaue) Schürze, die man sich für die Arbeit umgebunden hat (von vorbinden); oft auch mit einer Tasche

In ábich

Das Kapitel Kleidung hatten wir bereits. Das Kapitel über den Sprach-austausch mit den Ungarn ebenfalls. Jeder weiß also, dass ungarische Wörter auch in der Mundart verankert sind, und jeder weiß, was eine **„Untergatti"** ist – zur Sicherheit sei es hier wiederholt, nämlich eine (lange) Unterhose.

Der Ursprung der **„Untergatti"** – Sie ahnen es vielleicht bereits – hat also nichts mit der Unterhose des Gatten zu tun, sondern mit dem Ungarischen. Die „Gatti"/„Gatte" fußt auf dem ungarischen Wort „Gatya" (Bauernhose, Unterhose). Doch um die Untergatti soll es an dieser Stelle nicht gehen, sondern vielmehr darum, wie ein Kleidungsstück angezogen werden kann – und dazu dient zur geistigen Veranschaulichung die Untergatti. Aber nicht irgendeine, man will es ja bequem haben – sondern die **„Boachád-Un-tergatti"**, also die Flanell-Unterhose.

Bei Unterhosen kann es schon einmal passieren, das diese **„in ábich"** bezie-hungsweise **„innáving"** angezogen werden. **„In ábich"?** Das bedeutet, ein Kleidungsstück verkehrt angezogen zu haben, also das Innere nach außen – also „links herum". Zurückzuführen ist dieses Wort auf das mittelhoch-deutsche „äbich" – also abgewendet, verkehrt, böse.

Aber auch **„á Wátschn"** kann mit der **„ábichn"** Hand ausgeteilt werden – **„á Wátschn mit der ábichn Hand"** steht beispielsweise im Wörterbuch zur oberösterreichischen Volksmundart.

Noch ein Wort zu „äbich": Im eingangs erwähnten deutschen Wörterbuch der Gebrüder Grimm werden für „äbich" unter vielen anderen Erklärungen auch „umgewendet, rückwärtig, verkehrt", „von der der linken Seite von Kleidungsstücken" sowie „verkehrt, böse, unpassend" angegeben. Kein Märchen!

Rund ums Essen

Fürs Völlern hat die Mundart verschiedene Ausdrücke parat: **„hábern"**, **„vádrucká", „einihaun"**. Wer sich dabei anpatzt, ist ein **„Patznlippö"** und wer sich in seiner Hast **„vákutzt"**, der verschluckt sich. Wer etwas heikel ist, der ist **„nedli"** und kann an allem und jedem etwas **„ántn"**, findet also immer etwas auszusetzen oder etwas, das er rügen kann. Und wer Diät halten soll, der **„muass atragn"**. Lässt jemand immer einen kleinen Rest des Getränks im Glas zurück, dann bleibt **„á Noagál"** über. Es gibt aber auch typische Speisen, die hier Erwähnung verdienen …

Katzngschroa: Diese Speise wurde nach dem Schlachten aus dem sogenannten Stichfleisch (Innereien und Fleischstückerl, die noch von den Knochen abgeschabt wurden) gemacht. Franz-Konrad Berger aus Eferding hat den OÖNachrichten auch die Erklärung geschickt, warum es **„Katzngschroa"** heißt:

„Katzen saßen bei den Schlachtungen üblicherweise herum und warteten auf Abfälle. Je knausriger die Bäuerin war, umso weniger bekamen sie davon ab. Darauf erhoben sie ihr Geschrei – Katzngschroa."

Gschnoatl: klein geschnittene Innereien in saurer Soße

Vier-Oa-Schwer-Schädl: Ein Kuchen aus Gleichschwermasse (4 Eier, 4-Eier-schwer Butter, 4-Eier-schwer Zucker und 4-Eier-schwer Mehl)

Sterz: Klassisches Essen vom Bauernhof aus Erdäpfeln (1 Kilogramm), glattem Mehl (20 dag), Salz und Butterschmalz. Mehl zu den gekochten Erdäpfeln geben, etwas rasten lassen, salzen und danach zerstampfen. Die Masse danach in Butterschmalz resch rösten.

Dá Bunkl

Unter den am öftesten eingeschickten Wörtern befindet sich auch der **„Bunkl"** oder **„Bunge"**, **„Bunki"**, **„Bunkö"**. Dabei handelt es sich um einen Kuchen, vorwiegend Germkuchen. Das Wort **„Bunkl"** beruht auf dem mittelhochdeutschen Wort „bunge" für Haufen und Trommel, der Kuchen auf dem ebenfalls mittelhochdeutschen „kuoche".

Doch der **„Bunkl"** heißt nicht überall so. Auch **„Wacker"**, **„Schober"** (ebenfalls aus dem mittelhochdeutschen „schober" für Haufen) und **„Schädl"** sind gängige Begriffe für im Rohr Gebackenes. Einen mittelhochdeutschen Ursprung hat auch das Wort **„Gugelhupf"**, es basiert auf dem Ausdruck „gugel(e)" für Kapuze und einer Abwandlung des Wortes Hefe – nach der ursprünglichen Zutat. Heute wird unter „Bunkl", „Schober" und Co. quasi jede Art von Kuchen verstanden. Mancherorts heißt der Germ auch **„Jering"**.

Bázbunkl: Kuchen mit Creme
Feichtábunkl: Feiertagskuchen
Weibeedlbunkl: Kuchen mit vielen Rosinen

Und wenn der Mund nun wässrig ist, haben wir hier ein Rezept von einem original Bauern-Bunki, den uns Ingrid Brunner aus Gutau geschickt hat …

Bauern-Bunki

Schritt 1
5/8 Litá Mili
2 Würfi Jering
5 Deká Zugá
Jering und Zugá in dá g'wármtn Mili auflösn und geh' lassn.

Schritt 2
1 Kilo Möh
á bissal á Soiz
25 Deká Kristoizugá
2 Packál Vanüllzugá
Schindtn (Schale) von áná agrübm Lemoni
Guat vámischn.

Schritt 3
20 Deká wáche Budá
4 Oa
2 Oa-Dottá
Mit'n Mixá knetn.

Schritt 4
Alles mitánaundá váriahn und, wer wü, der kann den Toag mit 15 Deká g'woschene Weibeedln (abá vorher in Rum eilegn!) vámengá.

Schritt 5
Jetzt hoaßts, den Toag ordendli schlagn und daun geh' lassn.

Schritt 6
Zán Schluss kummt der Toag in zwoa g'fette Bunki-Formen, de daun ins koide Rohr gschobn werdn. Auf 180 Grad dráh und nöt gaunz á Stund woatn.

Schritt 7
Akühn lassn und … nájo essn hoit.

Waun euch zwoa Bunki z'vü sán, daun miasst's des Rezept nu durch zwoa dividiern – má kann eam owá á eigfrean (ois á koide).

Da Fleischhauer

Kaum eine Berufsbezeichnung trifft so sehr ins Schwarze wie der Fleischhauer beziehungsweise der Fleischhacker. Er haut und hackt das Fleisch klein. Und so ist's in ganz Oberösterreich. Ganz Oberösterreich? Nein! Denn im Westen ist's der Metzger, der das Fleisch zu Leckerbissen zerkleinert. Folgen wir dem Metzger unauffällig bis zu seinem Ursprung, landen wir zum einen wieder einmal beim Mittelhochdeutschen: „metzjer", das bedeutet so viel wie „hauen". Zum anderen landen wir aber auch bei den alten Römern, die unter „mattea" einen „Leckerbissen" verstanden.

In jedem Fall gibt's einen Spruch dazu: **„Sei's wie's sei, stirbt d' Kuah, bleibt's Hei."** Zugegeben: Es gibt auch bessere Sprücherl. OÖNachrichten-Leserin Liselotte Altmüller hat eines geschickt. Sie hat es von ihrer Schwiegermutter, die es wiederum, so schrieb sie, von ihrer Großmutter stets hörte …

'S Biabál, des kloane, vom Bahnhäuslmau
kimmt eini in Fleischbenk und dort faungt es aun:
„Griaß Gott", sagt er, „án schen Gruaß va dá Muadá
– sie lassát eng bittn firn Hund um á Fuadá,
aba á bessás wia heit vor acht Tag!"
„Nau" – ságt dá Fleischhacká – „fia engán Hund?
Woa ebbá des Darmklumpát nöt g'sund?"
„Ná, ná", sagt daun 's Biabál, „en Hund hat's nix dau,
abá mir und en Vatern is schlecht worn davau!"

Noch ein Wort zur Erklärung: **„Ebbá"** oder **„ebbás"** bedeutet so viel wie vielleicht. Ein schickes Füllwort, mit dem jeder rasch einmal wirkt, als hätte er immer schon Mundart gesprochen.

Das tägliche Brot

Wussten Sie, dass es einen „Tag der Lebensmittelverschwendung" gibt? Am 29. September soll jedes Jahr daran gedacht werden, wie viele noch genießbare Lebensmittel weggeworfen werden. Für die Verschwendung gibt's in der Mundart das schöne Wort **„urássn".**

Rosi Luftensteiner aus Schwertberg hat den OÖNachrichten eine Erinnerung an ihren Vater geschrieben: „Er war neun Jahre im Krieg und in Gefangenschaft in Sibirien – er hat viel Hunger gelitten und oft davon erzählt, dass er Baumrinde gekaut hat. Als er heimgekommen ist, hat er gerade einmal 45 Kilogramm gewogen. Er hat das Versprechen abgelegt, sollte er heimkommen, nie mehr heikel zu sein und keine Lebensmittel verderben zu lassen." Konkret hat er gesagt: **„Ja nix váwirksn",** also nicht verschwenden, nichts verderben lassen, alles verwerten.

Der Spitzenreiter der verschwendeten und weggeworfenen Lebensmittel ist das Brot. Knapp 60 Tonnen – also 60.000 Kilogramm – landen in Österreich jährlich im Müll, weil es nicht mehr frisch genug ist. Im Gegensatz dazu wurde einst das Brot überhaupt nicht frisch gegessen, sondern immer erst das ältere Brot, denn dieses machte eher satt als frisches, weiches Brot. Und wenn das Brot dann ganz hart geworden war (meist war ohnehin nur noch ein **„Scherzl",** also ein Randstück, da), musste man es mit dem Messer **„schriefln".**

Mit **„schriefln"** ist gemeint, dass das Brot mit einem scharfen Messer knapp nebeneinander eingeschnitten wurde, um die Zähne beim Abbeißen zu schonen. Heutiges Industriebrot ist oftmals schneller hart, weil es durch die teils aggressive Hitze, mit der es gebacken wird, früher austrocknet. Traditionelle Bäcker greifen eher noch auf alte, schonende Backöfen zurück.

Frisches Brot wurde überhaupt nur aus wenigen Zutaten gemacht, eine Backteigmischung gab's nicht. Sauerteig, Wasser, Salz und Mehl, mehr nicht. Und wenn der Teig dann fertig geknetet war, kam er in ein sogenanntes **„Simperl",** also einen Korb zum Rasten. Daher auch das typische Brotmuster.

Ein weiteres Wort für diese Körbchen ist **„Bakárl".** Im „Bakárl" steckt übrigens das Wort „Kár" beziehungsweise „Kárl". Gemeint ist freilich nicht der Vorname Karl, der so viel bedeutet wie „Ehemann" oder „der Freie" und auf das althochdeutsche „karal" zurückgeht. In diesem Fall ist „Kárl" die Verkleinerung (Diminutiv) von „Kár", also einem Gefäß. Und wer sein Brot in einem richtigen Gefäß, einem **„Brotalmer"** lagert, zum Beispiel aus Holz oder Ton, der muss auch nicht so viel **„váwirksn".**

Á Gruh

Der Geruchssinn – also alles, was das Riechen betrifft – wird gemeinhin als olfaktorisch bezeichnet. Das kann man, muss man aber nicht wissen. Was hingegen jeder kennt, ist dieser spezielle Geruch, der einem in die Nase steigt, wenn der Regen auf den trockenen Boden fällt. Im ankommenden Sommer ist dies eine wahre Wohltat, ein Wohlgefühl, also eine **„Güatát"** für die Seele.

Dass dieser Geruch auch einen Namen hat, ist wiederum etwas, das man nicht wissen muss, aber durchaus etwas, worüber man sich freuen kann, wenn man es weiß, nämlich: Petrichor. Zugegeben, es handelt sich dabei nicht um ein Mundartwort, vielmehr wurde der Begriff erst 1964 von zwei australischen Forschern geprägt und aus den griechischen Wörtern „petra" (Stein) und „Ichor" (quasi das Blut der Götter in der griechischen Mythologie) entlehnt. Dem Duft zugrunde liegt der natürliche Alkohol Geosmin, der nur dann entsteht, wenn der geruchlose Regen auf den Boden fällt und die entsprechenden, ansonsten inaktiven Bodenbakterien aktiviert. Der Mensch reagiert darauf sehr sensibel und nimmt diesen erdigen Geruch rasch wahr. Es riecht nach Sommer und Erde.

Somit sind wir beim **„Gruh"**. Hier eine Liste mit Wörtern, die beschreiben, wie es riechen kann ... aber Vorsicht! Ganz so gut wie Petrichor duftet es nicht mehr ...

Döh: schlechter Geruch
grábln: verdorbenes Fleisch „gráblt"
Gruh: Geruch
müachtln, münkln, minkln: verdorben riechen – nach Schimmel oder nach Fäulnis

ráss: mit beißendem Geschmack/ Geruch
rickln, rückln: nach Rauch riechen

Waidbrunzer

Der Blaudruck wurde 2018 in die internationale Liste des immateriellen UNESCO-Kulturerbes der Menschheit aufgenommen. In Oberösterreich gibt es mit der Blaudruckerei Wagner in Bad Leonfelden eine von nur noch zwei Blaudruckereien in ganz Österreich. Zudem gibt es in Gutau das einzige Färbermuseum Österreichs. Dessen Obmann Alfred Atteneder hatte für die OÖNachrichten ein ganz besonderes „Dialektwort" aus der Färbersprache, nämlich: **„Waidbrunzer".**

Vorweg: Nein, dieses Wort hat nichts mit der Weite des männlichen Strahls zu tun. Sondern damit, dass in den Anfängen der Blaudruckerei (in Europa ab Mitte des 18. Jahrhunderts) aus dem Färberwaid (Familie der Kreuzblütengewächse) der für den Blaudruck so wichtige Farbstoff Indigo gewonnen wurde.

Die Blätter, die vorzugsweise aus Thüringen kamen, wurden in einem Mühlstein zerquetscht, getrocknet und zu faustgroßen Ballen gepresst. Nach rund einem Jahr wurden diese Ballen mit Urin und Wasser in einer Küpe angesetzt, um den Farbstoff zu lösen – es wurde sozusagen, Sie verzeihen, in die Küpe „gebrunzt". Mit ein Grund, warum sich die Färbergassen meist am Ortsrand befanden – dies war dem Gestank geschuldet. Später wurde Indigo, der aus der Indigofera-Pflanze gewonnen wird, aus Indien importiert.

Viafleck

Passend zum Blaudruck geht es nun um ein Wort, das im Laufe der Jahre so oft wie kein anderes Wort an die OÖNachrichten-Mundart-Redaktion geschickt wurde: nämlich der **„Viafleck"** (ebenfalls in den gefühlten Top-3 sind: **„Bunkl"** und **„Groamát"**).

Aber was ist nun ein **„Viafleck"?** Auch wenn es sich dabei um einen rechteckigen Schurz handelt und er ausgesprochen wird wie die Zahl „vier", so hat die Bezeichnung nichts mit den vier Ecken zu tun, sondern vielmehr mit „vor" – oder **„vüri/viri".** Ein Schurz, der also vorne umgebunden wird. Es handelt sich dabei um einen meist blauen Schurz, der um die Hüfte gebunden wird und als Schutz vor Schmutz dient.

Blau war schon in der Hallstattzeit die Farbe des Arbeitsgewandes. Das hält sich bis heute. Mit dem Aufkommen des Blaudrucks und vor allem aufgrund der guten Leinenqualität aus dem Mühlviertel wurde es schick, die Schürze nicht nur blau zu färben, sondern auch mit Mustern zu versehen – beidseitig, damit der Schurz, wenn er schmutzig war, einfach umgedreht werden konnte.

Das Muster kann sich auch nicht auswaschen, denn beim Blaudruck wird mit Modeln ein spezieller Papp auf den Stoff aufgetragen, der verhindert, dass sich das Leinen an eben diesen Stellen färbt. Während der Stoff blau wird, bleiben jene Stellen, wo der Papp aufgetragen wurde, nach dem Auswaschen weiß.

Kultur-Kanon

2018 haben die OÖNachrichten in einem Sondermagazin einen Kultur-Kanon veröffentlicht. Von Musik über Volkskultur bis zur Mundart wurde definiert, was unsere Kulturnation ausmacht – immer mit einem Blick auf Oberösterreich. Volkskultur- und Mundart-Experte Klaus Huber hat die wichtigsten Bräuche **(Sternsingen, Faschingsverkleidung, Eierpecken, Braut stehlen, Weisát tragen …)** sowie Volkslieder **(„Á lustige Eicht", „Hoamátgsang", „Es wird scho glei dumpá" …)** definiert. Zudem hat er eine Liste mit zehn Mundartwörtern und -phrasen erstellt, die seiner Meinung nach jede Oberösterreicherin und jeder Oberösterreicher verstehen sollte:

zwergist iwá d'Acker: querfeldein

á g'rissner Kunt: ein schlauer, gewitzter Mann

Bist/Hast leicht …?: bist/hast du denn …?

nöt neddá: nicht nur

guating: ziemlich

zsammleppern: sich ansammeln

wiadáwö: wie auch immer, wie es auch sein mag

glangá hat drei Bedeutungen:

Des glangt!: Das reicht!

Er glangt net áffi: Er erreicht es nicht (es ist zu hoch oben für ihn).

Kimm, glang!: Komm, greif zu!

Es feigöt mi, es hunzt mi: Das ist schwierig für mich, es fällt mir schwer.

iawigsmal: hin und wieder

Und was ist nun eine **„Weisát"**? Ein Geschenk, das zum Beispiel den Eltern zur Geburt (oder Taufe) ihres Kindes gebracht wird – **„weisn gehen", „Weisát tragn"**.

Was má iatzt scho so woaß – Quiz 1

Nach den ersten Kapiteln ist es nun höchste Zeit zu überprüfen, was Sie schon alles gelernt haben – oder ohnehin schon wussten. Ein kleines Mundart-Quiz …

1 Wir beginnen mit einer lockeren Aufwärmübung. Und dann wird es **„zizerlweis"** schwieriger.

- ☐ überhaupt nicht
- ☐ plötzlich
- ☐ nach und nach

2 Sie wissen bereits, dass in der Mundart ein Wort **„eadáweis"** verschiedene Bedeutungen haben kann, …

- ☐ mancherorts, stellenweise
- ☐ niemals
- ☐ allenfalls

3 … **„goamátzn"** heißt aber überall …

- ☐ faulenzen (gar nichts tun).
- ☐ die Geiß melken.
- ☐ gähnen.

4 Überhaupt gibt es eine Vielzahl an Zeitwörtern, die mit „-itzn", „-átzn" oder „-etzn" enden. Eines, das jedem guttut, ist **„napfitzn"**.

- ☐ nachlesen
- ☐ ein Nickerchen machen
- ☐ nachsehen, kontrollieren

5 Das alte Wort „napfitzn" hat die gleiche Wurzel wie das englische Wort nap (Nickerchen). **„Foam"** hat sowohl in der Mundart als auch im Englischen die gleiche Schreibweise – und Bedeutung, nämlich …

- ☐ Farm.
- ☐ Schaum.
- ☐ Vater.

6 Auf den gemeinsamen Ursprung beider Sprachen verweist auch das Mundartwort **„oanláfi".**

☐ Ohr, Ohrwaschl (ear)

☐ elf (eleven)

☐ Öl (oil)

7 Die Mundart kennt aber auch jede Menge Ausdrücke aus dem Französischen: Lavoir, Páráplü oder Trottoa. Ein Sprachenmix, den wir **„estámiern"** sollten.

☐ wertschätzen

☐ erweitern

☐ vermeiden

8 **„Bei(d)n"** und **„schlaun"** sind ein Gegensatzpaar. Aber was bedeuten sie?

☐ warten und beeilen

☐ blöd beziehungsweise schlau

☐ setzen und aufstehen

9 Manchen Mundartwörtern wohnt auch ein Gefühl inne. Sie lassen sich nicht adäquat in die Standardsprache übersetzen. **„Gschmoh"** zum Beispiel bedeutet …

☐ schmal – jemand hat abgenommen und sieht nicht gesund aus.

☐ nett, lustig, gemütlich – ein positives Lebensgefühl.

☐ vorlaut – jemand, der immer alles besser weiß und alles sofort herausplappert.

10 Eines der häufigsten Wörter, die im Laufe der Jahre an die OÖNachrichten-Mundart-Redaktion geschickt wurden, ist **„Groamát".** Es bezeichnet …

☐ die zweite Heumahd.

☐ das Ende beim Bauernschach (so wie „Schach matt" beim Schach).

☐ das Hochamt in der Kirche (großes Amt).

11 Auch der **„Viafleck"** ist ein Wort, das von übermäßig vielen Leserinnen und Lesern geschickt wurde. Gemeint ist …

☐ eine Arbeitsschürze.

☐ ein viereckig ausgezogener Strudelteig.

☐ eine schlechte Schulnote, gerade noch ein „Genügend".

12 Sie haben es gleich geschafft. Also jetzt nur **„ned hudln!"**

☐ nicht ärgern

☐ nicht hasten, nicht unordentlich werden

☐ nicht verzagen

13 Gratulation, das erste Quiz haben Sie geschafft. Wenn das kein Grund zum **„Mulátieren"** ist!

☐ Feiern

☐ Weiterlesen

☐ Loben

(Quiz-Auflösungen auf S. 112)

Was má hoit
so tuat

Das stille Örtchen

„Ábort", **„Retiráde"**, WC, Toilette, Klo, Nachttopf, **„Potschámperl"** – all diesen Wörtern liegt die menschliche Notdurft zugrunde. Und diese geht mit einem großen Wandel einher. Ein Häuschen oder **„Häusl"** für die notwendigen körperlichen Verrichtungen war, so schrieb der Linzer Historiker Roman Sandgruber 2006 in seiner OÖN-Kolumne „Alltagsdinge", „Teil des generellen Zivilisierungs- und Verhäuslichungsprozesses seit der frühen Neuzeit. […] Die mittelalterlichen Burgen und Klöster hatten Abtritte, die in die Burggräben oder vorbeiführenden Flüsse mündeten". Ab dem 18. und 19. Jahrhundert wurden die Häuser dann, so Sandgruber, mit Toiletten ausgestattet. Anfangs waren dies noch Holzhäuschen im Freien. Und weil der Weg dorthin im Winter doch recht frisch war, verschaffte man sich Abhilfe. Unter dem Bett stand ein Nachttopf. Mundart rund ums stille Örtchen …

Häusl: Toilette
„'S Häusl" geht zurück auf jene Zeit, als die Toiletten noch außerhalb und abseits des Hauses waren. Dort standen kleine Holzhütten als Plumpsklo.

Potschámperl: Nachttopf
Der Ursprung dieses Wortes liegt im Französischen: „Pot de chambre" lässt sich wörtlich mit „Topf des Zimmers" übersetzen. Dieser war üblicherweise ein kleiner Topf, der meist unter das Bett geschoben wurde.

Nachtscher(b)m: Nachttopf, Nachtgeschirr
Ebenfalls ein Topf, der für Notfälle stets unter dem Bett stand

Soachtögl: ebenfalls Nachttopf

Ábort: Austritt, Toilette
„Jeda nu am Ábort!"
Das hör(t)en viele Kinder von ihren Eltern vor dem Schlafengehen oder dem Verlassen des Hauses.

soachá, ludln, wischln: urinieren

Retiráde: veraltet für Toilette
(franz: se retirer – sich zurückziehen)

Übrigens: Roman Sandgrubers „Alltagsdinge. 11 x 11 Sachen, die unsere Gesellschaft prägen" gibt es auch als Buch!

Wenn eine eine Reise tut ...

Auch dieses Gedicht wurde uns für die Kolumne geschickt. Leserin Ingrid Streicher schrieb uns, dass ihre Mutter es ihr stets aufgesagt hat. Es stammt von Norbert Hanrieder (* 1842 in Kollerschlag, + 1913 als Pfarrer in Putzleinsdorf). Der Text findet sich im Band „Mühlviertler Máhrln und andere Mundartdichtungen" von Norbert Hanrieder, der 1969 im Auftrag der Hanriedergemeinde erschienen ist. In Putzleinsdorf gibt es einen Schauraum, der dem Mundartdichter gewidmet ist. Das Originalgedicht hat Maria Rachinger den OÖNachrichten geschickt.

Wenn Sie sich diese Mundartwörter kurz durchlesen, verstehen Sie das folgende Gedicht auf Anhieb.

Wáberl, Wáwál, Wetti, Betti, Bábett: Barbara
groast: gereist
dean: dienen
máhn: mähen
stráh: streuen
frei: fast

án hülzán Rechá: ein Holzrechen
Recháhaupt: Querstück des Rechens
fäul: faul
hiat: hätte
váboatá: verwünscht
Maol: albernes Mädchen
zwö: weswegen

Wie heißt denn das Ding?

1. 's Waberl is in d' Hoamát groast.
   Druntn in Wean
   Tuats á weng dean,
   Má woaß's, was des hoaßt!

2. Tuat als wia á Gräfin redn,
   Hoaßt iatzt Bábett,
   Schmiert si mit Fett
   Und tragt gar á Kettn.

3. Neuli gehts á wenig spaziern,
   D'Hausleut toant máhn,
   Rechán und stráhn,
   Frei alls tuat si rührn!

4. Siagt án hülzán Rechá liegn,
   Schaut á weng dra,
   Fragt aft án Ma:
   „Wie heißt denn das Ding?"

5. Und tupft áfs Recháhaupt,
   's Rechál, nöt fäul,
   Schnellt ihr áfs Mäul.
   Wer hiat denn dös glaubt!

6. „Du váboatá Rechá!", klagts.
   „Hau", sagt der Ma,
   „'s kennt nu scha
   Dös Maol, – zwö fragts!"

Wia de Musi spüt

"Á Huck" lässt sich neudeutsch mit einer "Musik-Session" übersetzen, also eine gesellige musikalische Zusammenkunft. Der Volksmusikforscher Volker Derschmidt hat eine Liste musikalischer Mundartwörter gesammelt, die in diesem Buch nicht fehlen darf.

á Sauzechn: Klarinette

á picksiáßs Hölzl: G-Klarinette (Schrammel)

á Fidl, á Winsl: Geige

á Blasn: Blechblasinstrument

á Pfoazn: wenig optimal gespieltes Blasinstrument

á Klampfm: Gitarre

á Drahtváhau: Hackbrett

á Lámentier-Gadern: Harfe

á Seitlpfeifm: Schwegel(pfeife)

á Wanznpress: Harmonika

á l'Ámour-Hátscher: langsame Schnulze

aus 'n Huat spün: ohne Noten spielen

zuwisingá, zuwischpün: die zweite Stimme unterhalb der Hauptstimme anbringen

drüberschlagn: die zweite Stimme (eng) über der Hauptstimme platzieren

á Huck, Rockároas, Rockásitz: eine gesellige musikalisch-kulinarische Zusammenkunft zum eigenen Vergnügen

z'sammghoazt: eine Musikanten-Partie, die gut zusammengespielt ist

Fuaßboi

Im Fußballspiel gegen die Germanismen hat der Dialekt immer noch die schöneren Ausdrücke. Ein Champions-League-Spiel, moderiert von einem, der nur Mundartwörter verwendet, wäre ein spannendes Experiment. An Fach-Vokabular würde es nicht mangeln, wie Fritz Bauer aus Bad Schallerbach weiß ...

Außenprácká: Außendecker, Verteidiger

Badkicker: Hobbyfußballer

Ballesterer: Fußballspieler

Böck: Fußballschuhe

Brieskicker: technisch exzellenter Spieler, Spielmacher

Cornerfáhnl: Eckfahne

Dopplá: Doppelpass spielen beziehungsweise den Sieg mit einem Doppelliter Bier feiern

Eiergoalie, Fliágnfaungá: schlechter Torhüter

Eisenfuaß: hart spielender Fußballer

Erste: Kampfmannschaft

Fetznláberl: alter Fußball

Ferschál: mit der Ferse spielen

Fett'n: den Ball mit Effet spielen, ihm einen Drall mitgeben

Fünfá: Torraum

gáberln: den Ball mit den erlaubten Körperteilen in der Luft halten (in Bayern: dantln)

Gurkál: den Ball zwischen den Beinen des Gegners durchspielen

hüttln: auf kleine Fußballtore spielen

Jausngegná: eine nicht ernst zu nehmende (auch unterklassige) Mannschaft

Kistn, Tirl, Hittn: Fußballtor beziehungsweise erzielte Treffer

Kreizeck: Übergang von Latte und Torstange – „Treffer ins Kreuz"

Leiberl: Trikot; beziehungsweise „kein Leiberl haben", also keine Chance haben oder nicht in der Anfangs-Elf sein

Öfá: Elfmeter

Outwáchler: Schiedsrichterassistent (Linienrichter)

rásiern: den Ball nicht voll treffen

Reserve, Revue: zweite Mannschaft

Sechzehná: Strafraum

Spitzkická: schlechter Spieler

Von de Heah und de Kátzál

Angestoßen durch die Dialekt-Kolumne hat Ute Steiner aus Ried im Traunkreis den OÖNachrichten eine Kindheitserinnerung geschickt, die in diesem Buch keinesfalls fehlen darf.

Ein sonniger Vormittag auf unserem Hof „in da Schoatn"

Blofiaßád bin i bei dá Hoftür aussi teiföd, vorbei án dá Hoagartnbeng, ummi grennt in Stadl, wo si d'Sun angloant hat. Aufpassn hab i miassn, dass i nöt in Heahdreck einisteig (oft gnua is má des pássiert). De Heah habm se auf dá linkn Stadlseitn in dá staubign Fletz g'wuzlt … rechterhaund, glei beim Tor eini, des erste Oanest zwischn de Stráhbünkön. Wann d'Hen nu g'sessn is, hab i's lassn und wann nimmá, dann hab i de g'legtn Oa in mein Oazega eini taun. Nur des Pili(g)-Oá hab i liegn lassn, dámit 's Nest ned lá is und d'Heah wiedá gern einileg(n). Hab i wo á Hen gogátzn g'heat, hab i g'wusst, iatzt hat's á Oa g'legt. De meistn Nestá hab i g'wisst, wo's sán, abá hiá und da hab i ám Staublo(d)n á Glegád g'fundn mit lautá schlumpáde Oa drin. De hab i auf'n Misthaufn schmeißn kiná, weil's eh scho schlecht warn. Vorsichtig hab i sei miassn, wann i á Gluckade, á sitzáde Hen g'fundn hab, weil de hat si bedrohli aufpudld und hätt mi peckt!

Schen war des dann, wann noch án Zei(t)l d'Wusál g'schlupft sán und de Gluckáde mit eaná in Hof awi is. Auf dá Gred is' als á gluckade vüri máschiert und d'Wusál hint'n nache. Bei dá Kuastoitür hat's d'Fliagn awápeckt und glei falln lassn, wei' de kloanen Wusál leaná habm miassn, wia und wo's was zán Fressn gibt. Und wann im Mülidázál fiá d'Katz nu á Mäu voi Müli drin woa, habms de á probiat.

In dá Wiesn, wo im Frühling, im Hinaus, á haufáts Saubleaml blühad habm, hats á fleißi g'scheat und Fuadá g'suacht … oiwei gluckád und oiwei á wengál aufbudld. Abá des Schenste war fia mi immá nu, wann d'Katz mit ihre Kátzál vo ihrm Vásteck im Hei virá kemá is, dámit má's fuadán habm kiná!

Hab i s' scho friará g'fundn, dann hab i mi zá eaná ins Hei g'legt und hab's mitn Fingá g'streumöd bis' Schnuarln angfangt habm. Waun's bázaugád woan sán, hab i g'wusst: I hab's z'vü antatzt. Mit án Kámüntee hab i dánn den Báz aus de Augál wischn miassn, dámit's wiedá aussehng habm kiná, de klán, siassn Muzál! Und wann eaná des nöt pásst hat, habm's mi g'scheid g'hágöd und z'kratzt.

blofiaßád: barfuß

aussiteiföd: hinausgeflitzt

staubige Fletz: Boden, Bodenbelag

Oanest: Eiernest

Stráhbünkön: Strohballen

Oazega: mit etwas Stroh weich aus-
gepolstertes Körbchen

Pili(g)-Oa: Nestei
(Werden alle Eier aus dem Nest genommen, kann es sein, dass das
Huhn dieses Nest nicht mehr benüt-
zen will. Daher wurde oft auch eine
Ei-Attrappe ins Nest gelegt. Dieses
war entweder aus Stein oder Gips
oder ein mit Sand gefülltes Plastik-Ei.)

gogátzn: gackern

Staublo(d)n: hölzerne Unteransicht
des Dachvorsprunges, innen liegt viel
Staub auf den Latten

Glegád: Nest mit Eiern

schlumpáde Oa: Ein Ei schlumpád,
wenn man beim Schütteln das Innere
herumschwappen hört.

á gluckáde, sitzáde Hen: eine Glucke

aufpudld: aufgeplustert

d'Wusál, Wuckál: Küken

Gred: gepflasterter oder betonierter
Gehweg entlang der Hausmauer

Mülidázál: Milchschüsserl

á haufáts: haufenweise

Saubleaml: Löwenzahn

g'scheat: gescharrt

g'streumöd: gestreichelt

schnuarln: schnurren

bázaugád: eitriges, verklebtes
Auge

antatzt: berührt

Kámüntee: Kamillentee

Was 's hoit
ois so gibt

Obstgarten

„Im Vorrat is' guat hausn." An diesen Spruch erinnert sich OÖNachrichten-Leserin Martha Adlesgruber. Ihre Mutter hatte ihn stets gesagt, wenn sie Beeren, Obst und Gemüse verarbeitet und eingekocht hat, also Vorräte für die kalte Jahreszeit angelegt hat. Eingekocht – oder gleich von der Pflanze genascht – kann allerlei werden …

Broawá: Brombeeren

Eschbá, Ánánás, Pröbstling: Erdbeeren (Ja, zu Erdbeeren wurde einst auch Ananas gesagt!)

Goagoatsbedln, Agrosln, Hoadábatzn, Jaglsbeer: Stachelbeeren (Die Bezeichnung „Jaglsbeer" geht zurück auf den Reifezeitpunkt rund um den Jakobstag, am 25. Juli.)

Grándlbeer, Granggerlbeer: Preiselbeeren

Hoawá, Hoabeer, Zötbeer, Hodábeer, Schwarzbeer: Heidelbeeren

Howáöpfi: Klarapfel

Lemoni: Zitrone

Moiwá: Himbeeren – das Verb dazu lautet übrigens „moiwán", also Himbeeren pflücken

Öpfi, Epfi: Äpfel

Pferschá: Pfirsich

Pámárántschn: Orangen

Rodbea: Walderdbeere (Rotbeere)

Spenling: Ringlotte

Gemüsebeet

Meine Großmutter liebte ihren Gemüsegarten. Im Sommer haben wir ihr immer **„Pflánzerl"** gebracht, die sie im Bauerngarten eingesetzt hat. **„Hintnah"**, also hinter dem Haus im Garten, war sie stets zu finden. Immer mit einem Kopftuch, mit dem sie sich vor Wind und Sonne gleichermaßen geschützt hat. Ausgerüstet war sie mit einer **„Häunl/Hein(d)l"**, einem **„Hau"** – also einer breiten und einer schmalen Gartenhacke – sowie mit einem eisernen Rechen. Das Werkzeug wurde schon am Vortag in einem Wasserkübel eingeweicht, damit sich das Holz mit Wasser vollsaugen konnte und die Metallaufsätze gut hielten. Ein geflochtener **„Weidenzeger"** (Korb), **„Viafleck"** (Schurz) und Holzschuhe gehörten ebenfalls zur Adjustierung. Gewachsen ist allerlei (aber freilich nicht alles, was nun folgt) …

Aundüvie: Endiviensalat
Bilweßkopf: Kürbis
Bletschnwer: Salat, Grünzeug
Erdbirn, Brambori: Erdäpfel
Gugáruz, Kukuruz: Mais
Knofi: Knoblauch
Kölchkraut: Kohl
Mehrá, Meliruam: Karotten
Rauná: Rote Rüben
Umurkn: Gurke
Zwiefl, Zwüfi: Zwiebel

Was sonst noch so in der Natur wächst

Boazkreidl: Bohnenkraut
Erdhollá: Giersch
Dirndl: Kornelkirsche
Guggámuckn: Parasol
Heahdám: Vogelmiere (Hühnerdarm)
Morigroa, Marigram: Majoran
Woidknofi: Bärlauch

Tierisch

Klaus Albrecht Schröder ist Direktor der Wiener Albertina. Warum er in diesem Kapitel vorkommt, hat allerdings nichts mit der berühmten Naturstudie des Feldhasen von Albrecht Dürer zu tun, die sich im Bestand der Albertina befindet, sondern mit einer Geschichte, die der gebürtige Linzer den OÖNachrichten weiland erzählt hat: „Als ich in der Volksschule war, habe ich einmal gesagt, mich hat eine ‚Gössn' gestochen. Da hat meine Lehrerin gefragt: ‚Was hat dich gestochen?' ‚Eine Gössn.' ‚WAS hat dich gestochen?' ‚EINE GÖSSE.' Weil ich nicht wusste, dass es Gelse heißt." Ein Aha-Erlebnis, das er wohl mit vielen anderen teilt …

Immerhin ist „Gössn" so weit im Sprachgebrauch verankert, dass jeder weiß, was gemeint ist. Bei den „Gredscheißern" ist es dann schon nicht mehr so einfach … Tiere und Insekten – und wie sie in der Mundart heißen:

Bámháckl: Specht
Bei, Beivögl: Biene(n)
 Und wer von einer Biene gestochen wurde, der sagt: „Mi hot a Beivogi g'heckt."
Bindáschlögö: Kaulquappe
Bremá: Bremse
Fatschál: kleine Schweine
Floign: Fliege
Giaßávogl: Damit war früher irrtümlich der Grünspecht gemeint – sein Schrei soll Regen angekündigt haben. Es dürfte sich dabei aber um den Wendehals handeln.
Gössn: Gelse
Gredscheißá: Hühner
Gurrn: altes, bissiges Pferd
Gugátzer: Kuckuck

Gvickát: kleine Tiere (Viecher)
Has: Hase
Hennástessl: Hühnerhabicht
Höppin, Broatling: Kröte
Hurnaus: Hornisse
Hudl: Geiß
Kader, Kadl: Kater
Kaderin, Mudl: Katze
Keiwö: Kalb
Lipperl: junge Enten
Oachkátzl: Eichhörnchen
Oadáchsl: Eidechse
Táchl: Dohle
Scher: Maulwurf
Werschn, Wessn: Wespe
Wuserl, Singerl: Küken
Wurnágei: So bezeichnet man ein ganz schwaches, kleines Tier.

Gebrochenes Gras

„Under der linden an der heide, dâ unser zweier bette was,
dâ muget ir vinden schône beide gebrochen bluomen unde gras."
(Walther von der Vogelweide)

Nein, bei dieser Strophe handelt es sich nicht um ein Mundartgedicht, sondern um eine Strophe aus des Minnesängers Walther von der Vogelweide „Unter der linden". Übersetzt heißt es: „Unter der Linde an der Heide, wo unser beider Bett war, da könnt ihr schön gebrochen finden Blumen und Gras."

Wenn Blumen, Gras und Ähnliches gebrochen werden, so stand dies **„weilád"** (weiland: einst, damals, mittlerweile) in der Bedeutung eines erotischen Zusammentreffens. In der Mundart gibt es dafür vielleicht keine lyrische Metapher, dafür aber ein sinnschwangeres Wort: **„Staudnrauschá"**. Kommt neun Monate später eine Überraschung, dann ist's das **„Staudnräuschl"**. Also schauen wir raus auf die Wiese, was denn dort alles so wächst, **„bliad/ blühad"** (blüht) – und rauschend bricht …

86

Bawön: Pfingstrosen
Budábinkerl: Trollblume
Bühömanná: Spierstrauch
Elexn: Traubenkirsche
Filigum, Foligrau (Volligran):
 Maiglöckchen
Grafnbleamö: Petergstamm
Grántigá Jágá: Alpen-Anemone
Gugerklee, Hasenklee: Sauerklee
Hánsel und Gretl, Vader- und Mua-
 der-Bleaml: Lungenkraut
Hümmibrand: Königskerze
 (Himmelbrand)
Hümmischlüssl: Schlüsselblume
Kápádozn-Sendl: Steinröserl
Lewábleami: Leberblümchen
Lökáresl, Leckáresl, Leggerresl:
 Alpenrose
Máchznbechá: Märzenbecher

Mauslátá: Farn (Mäuseleiter)
 (mancherorts aber auch Schafgarbe)
Moarehrl, Saurehrl, Saubleaml:
 Löwenzahn
Ölexn: Traubenkirsche
Osterglockn: Narzissen
Palmkátzerl, Palmmudl: Palmkätz-
 chen (im Salzkammergut Poimmul
 und Poimokátzál)
Resál: Gänseblümchen
Schawá: Schafgarbe
Schmalzbleaml: Sumpfdotterblume
Schneeglöckerl: Schneeglöckchen
Schmalern: dünnes Gras
Sendl: Erika
Stoannágerl, Bluatnágerl,
 Feldnágerl: Echte Steinnelke
Stoanreserl: alpiner Seidelbast
Veigál: Veilchen

Baumkunde

Die Steigerung des Wortes Wald könnte in der Mundart so funktionieren: **„Bühel"** – **„Schachá"** – **„Holz"**. Denn als **„Bühel"** wird ein kleines Wäldchen bezeichnet, als **„Schachá"** ein etwas größerer Wald und wer schließlich ins **„Holz"** geht, der sieht den Wald vor lauter Bäumen nicht mehr. Rund um den Wald gibt es jede Menge Begrifflichkeiten …

Apfalter: Apfelbaum

Bless: abgeholztes Waldstück (bloß gelegt)

G'staudárát, Stau(d)ná: Stauden, Sträucher

Feichtn: Fichte

Fehrán: Föhre

Lärbám: Lärche

Loarindn: Baumrinde

Goaßbám: Esche

Grasdn, Grasát: Fichten-, aber auch Tannenzweige

Schnoat, Gschnoat: im Wald ausgeschlagene Lichtung

Södirn: magere Bäumchen, Stauden

Stöck ausreutn: Wurzelstöcke ausgraben **(Reut, Reit** – eine durch Roden urbar gemachte Landschaft, kommt auch in Ortschaften vor, wie z. B. Amesreith)

Tenná: Tanne

Viasaum: Waldrand

Löckán und Leckáresl

Kaum ein Wortpaar kann die Ausdifferenzierung der Begrifflichkeit besser darstellen, als **„Löckán** und **Leckáresl"**. OÖNachrichten-Leser Hans Wiesauer aus Ebensee konnte das Verwirrnis um den richtigen Begriff zum Glück auflösen. Aber der Reihe nach …

In einer Kolumne bezeichneten wir die Alpenrose als **„Löckán"**, immerhin konnten wir uns auf die Expertise eines echten Salzkammergütlers verlassen. Worauf wir ein E-Mail einer Leserin erhielten – verheiratet mit einem echten Goisinger –, die uns aufklärte: **„Löckán"** seien im Salzkammergut immer noch Latschen, also Bergkiefern. Die Alpenrose hieße hier **„Almárausch"**.

Warum es zur Bedeutungsvertauschung kam? Der eingangs erwähnte Hans Wiesauer soll es in seinen Worten sagen: „Meine Großelterngeneration, geboren zur Wende vom 19. zum 20. Jahrhundert, verwendete die in Ebensee gebräuchlichen Bezeichnungen noch richtig: ,**Leckán'/,Leggern'** (Legföhren beziehungsweise Latschen). ,**Leckáresel'/,Leggerresl'** (Latschenröseln) sind Alpenrosen. Durch geistige Großzügigkeit (Schlamperei) bürgerte sich im Laufe der Zeit ein, die Alpenrosen als ,**Leckán'/,Leggern'** zu bezeichnen und die ,**Legföhren'/,Latschen'** als Latschen. Kaum jemand in Ebensee kennt heute noch die ursprünglichen Ausdrücke."

Jetzt schon.

Flurnamen

Wiesen, Felder, Weide, Wälder – auch für Flurnamen gibt es in der Mundart viele Ausdrücke. Begrenzt werden sie oft durch einen **„Mar(i) stoan"** – auch **„Moarstoa"** – oder eine **„Mar(i)runsen",** also einen kleinen Grenzbach. Während die Runse nicht **„auf die Gache"** verlegt werden konnte, ging das beim Grenzstein schon leichter.

Darum haben die Bauern einst auch Glasscherben darunter vergraben. Jemand, der den Grenzstein illegal versetzte, wurde als **„Mar(i)schindter"** bezeichnet. Und jemand, der auf das **„Roan"** des Nachbarn ackerte, war ein **„Roanschindter".** Um überhaupt zu vermeiden, dass auf das Feld des Nachbarn gepflügt wurde, gab es den **„Aniwandter":** jenen Bereich des Feldes, auf dem umgedreht werden konnte. Dieser wurde dann erst zum Schluss bearbeitet und bestellt.

In vielen Gegenden waren die Felder zudem noch nicht einmal eben, sondern **„scheli".** **„Scheli", schö", „scheelig"** oder **„schelch"** bedeutet – die Aussprache variierte im ganzen Land – schief. Ein Bild mag zum Beispiel **„schelch"** hängen. Aber auch ein Feld kann **„scheli"** sein. Einer **„Lei(t)n"** zum Beispiel ist es immanent. Diese war dann **„u(n)schlinti(g)",** also schwer zu bearbeiten.

Brandwiesn: abgebrannter Wald, jetzt Wiese

Knopflei(t)n: Leite (Hang), die einen Knopf wert ist

Dachsenboden: ebener Grund mit Dachshöhlen

Egarten: größere schöne, kultivierte Wiese

Gatterwiesn: eingezäunte Wiese mit Gatter

Haberlei(t)n: steiles Haferfeld

Lámpellei(t)n: Wiese, auf der Schafe weiden

Lei(t)n: Abhang, ein Feld, das schwer zu bearbeiten ist, weil es so schief und steil ist

Luß: Feldbezeichnung, Anteil am gemeinsamen Grund eines Dorfes

Moosboden: moosiger, ebener Grund

Mühlreit: Rodung bei der Mühle

Mugl: Hügel, kleine Anhöhe

Parz: kleine Anhöhe

Roa(n): Ackerrain, jener Streifen, auf dem zwischen den Feldern die Wiese wächst.

Roa(n)l: Ackerstreifen (auch beim Hausgarten). Im Roanl, also einer mit Erde angeschütteten Erhöhung, wuchsen zum Beispiel die Erdäpfel.

Quántl: kleines schönes Grundstück

Riad: sumpfiger, feuchter Boden (kommt auch in Ortsnamen vor)

Scháttwiesn: schattige Wiese

Wia má hoit so schimpft

Schimpfen mit Charme

„Mentn" heißt so viel wie schimpfen, fluchen. Für viele Schülerinnen und Schüler sind jene Unterrichtseinheiten immer besonders spannend, in denen in einer neuen Sprache die Schimpfwörter erklärt werden. Freilich wird auch in der Mundart geflucht und geschimpft – aber stets irgendwie mit etwas Charme. So ist jemand, der zu nichts taugt, zumindest noch zum **„Krenreibn"** oder zum **„Nuss-awá-Hoin"** gut. Und wenn einem jemand den Buckl runter rutschen kann, dann kann er Sie **„buglfünferln"**.

Aber Vorsicht! Wenn Sie es zu weit treiben, kann es schon passieren, dass Sie jemand am „Krawattl packt". Also nun, schimpfen mit Charme …

A(b)dráhdá: jemand, der mit allen Wassern gewaschen ist

A(n)scheibá: Angeber

Bissgurrn: böse, zänkische Frau (Gurrn: altes Pferd)

Treamsöcki: jemand, der ständig jammert

Frisswoifál: liebevoll für einen kleinen Vielfraß

Gfrást: ungezogenes Kind

Gnaugizer: Ungustl, unguter Geselle

Grischpindl: kleiner, magerer Mensch

Gscháftlhuaber: Wichtigtuer

Gscheitwáschl: Wichtigtuer, jemand, der alles besser weiß

Habádátsch: einfältiger Mensch

Haderlump: Betrüger

Hädidl: Dummkopf

Heigeign: sehr große Frau

Hiaflá: ungeschickter Mensch

Itipfálreitá: eine sehr pingelige Person

Krenbeitl: arroganter Mensch

Kunt, Kunterling: abwertend für Mann

Liagnschüwö: Lügner

Loamláckl: träger Mensch, jemand ist loamláckád

Loamsiadá: unentschlossene Person

Lohdübel: Lausbub

Málefizer: Übeltäter, jemand, der böse Streiche spielt

Neidhámml: besonders neidiger Mensch

Notnigl: Geizhals

Neugierdsnasn: jemand, der besonders neugierig ist (meist sind Kinder damit gemeint)

Plaudátaschn: jemand, der viel Redebedarf hat

Pleampl: Tollpatsch

Putzgredl: putzsüchtige Frau

Quigitzer: jemand, der jeden „Groschen" zweimal umdreht

Saubártl: Sittenstrolch; jemand, der schmutzige Witze erzählt

Schlampádátsch, Schlamphans: schlampiger Mensch

Schmoipicktá: ein dünner, „schmal gebauter" Mensch

Schnösiadá: jähzorniger Mensch

Schussl: jemand, der alles viel zu schnell und unüberlegt macht

Seicherl: unentschlossener Mensch, Feigling: („Seicherl": kleines Sieb – zum Seihen)

Semmeltrenzer, Sempárá: Jammerer

Simándl: Pantoffelheld

Suderánt: Nörgler; jemand, der an allem etwas auszusetzen hat

Támischer: wütender, verwirrter Mensch

Tratschgeign: Frau, die viel redet

Trenzgeign: weinerlicher Mensch

Ungustl: unangenehmer Mensch

Waunzn, lästige: quengeliges Kind

Welli, Wöli: Tölpel (auch eine Spielkarte)

Zniachtál: kleiner, dünner Mensch

Zwidáwurzn: grantiger Mensch

Zoonbitz: Zornbinkerl

Was má iatzt scho so woaß – Quiz 2

Fertig, jetzt sollte auch das zweite Mundart-Quiz kein Problem mehr für Sie darstellen. Viel Erfolg!

1 An einem schönen Frühlingstag trafen sich **„Wetti und Wástl"** …

☐ Brigitte und Gustav

☐ Wilhelm und Werner

☐ Barbara und Sebastian

2 … bei der **„Hoagartnbeng".**

☐ Bank der Heimatgemeinde

☐ Holzbank vor dem Hof

☐ Scheitertriste beim Wald

3 Er war mit seinem neuen Motorrad gekommen. Beide setzten sich auf die Bank. Die Sonne schien und sie mussten **„bleangitzn".**

☐ lachen

☐ blinzeln

☐ den Schatten suchen, weil die Sonne so blendete

4 Sie beobachteten Wettis **„Áhnl und Ähnl",** …

☐ Ente und Erpel

☐ Enkeltochter und -sohn

☐ Oma und Opa

5 … die gerade die **„Gred"** reinigten.

☐ befestigter Weg vor dem Haus

☐ Gartenzaun

☐ Gegensprechanlage

6 Die **„Gredscheißá",** die immer kamen, hatten die Gred verschmutzt.

☐ Hühner

☐ Krähen

☐ Besucher (mit den schmutzigen Schuhen)

7 Beide – Áhnl und Ähnl – waren nicht auf den Mund gefallen. Als Wástl etwas spöttisch meinte, warum sie denn so **„brodln"**, …

☐ sich bezirzen

☐ sich Zeit lassen

☐ sich ständig beschimpfen

8 … meinte die Áhnl mit der ihr innewohnenden Gelassenheit: **„Liabá dágrawöt als dázawöt."**

☐ Lieber selber gemacht als dumm daneben gestanden.

☐ Lieber selber arbeiten als Arbeit nur vom Erzählen kennen.

☐ Besser mit Bedacht als gehetzt und nicht gründlich.

9 Besser wäre es, meinte Wástl, die Hühner würden **„Oa dean"**, als den Weg verschmutzen.

☐ Eier legen

☐ im Ofen dünsten

☐ im Gehege eingesperrt sein

10 Bevor du lange **„motschgást"**, meinte der Ähnl, kannst du uns ja helfen!

☐ faul herumsitzen

☐ nörgeln, schimpfen

☐ Most trinken

11 Leider! So langsam kann ich nicht arbeiten, meinte Wástl **„gfeanzt"**.

☐ gewissenhaft

☐ rücksichtsvoll

☐ spöttisch

12 Lass ihn nur, hat d'Áhnl **„gmungetzt"**. Denn sie sah als Einzige, dass die Gredscheißá auf Wástls Motorrad saßen …

☐ murmeln

☐ warnend schreien

☐ heimlich kichern

(Quiz-Auflösungen auf S. 112)

Mit wem má hoit so spricht

Interview mit Klaus Huber

Klaus Huber begann seine journalistische Karriere bei den OÖNachrichten. Er war als Englisch- und Russischlehrer in Linzer Gymnasien tätig und wechselte dann zum ORF, wo er die Abteilung für Volkskultur leitete. Seit 2009 ist er Obmann des Stelzhamerbundes. Für die OÖNachrichten schreibt er wöchentlich die Kolumne „Volkskultur". Klaus Huber ist damit einer *der* Experten für die oberösterreichische Mundart. Ein Gespräch über „Integration", Mundart und darüber, warum wir im Deutschen zu wenig Buchstaben haben.

Du bist in Haslach im Mühlviertel aufgewachsen. Wie sehr haben dich das Umfeld und deine Familie sprachlich geprägt?

Meine Eltern haben keinen Wert darauf gelegt, dass ich schön spreche. Ich habe im ortsüblichen Dialekt gesprochen. Mein Vater stammte aus dem Innviertel, das hat sich bei mir aber nicht ausgewirkt. Meine Eltern haben nur darauf Wert gelegt, dass ich viel lese, alles, was in der Pfarrbücherei für Kinder angeboten wurde, habe ich gelesen. So habe ich mir meine „Zweisprachigkeit" erworben, die Mühlviertler Mundart und das Hochdeutsche. Das kam mir auch beim Lernen von Englisch zugute.

Inwiefern?

Man tut sich damit leichter, weil man lernt, in einer „anderen" Sprache zu denken. Ich muss ja auch schon anders denken, wenn ich etwas aus der Mundart in die Hochsprache übertrage. Wir haben einen anderen Satzbau, andere Wörter, andere Zeiten. In der Mundart verwenden wir nur die Vollvergangenheit: „I bin gaunga". „Ich ging" und „ich war gegangen" gibt es nicht. Die Mundart besitzt aber einen reichen Wortschatz – nämlich da, wo die Schriftsprache dramatisch unterlegen ist. Wir haben zum Beispiel Gefühlswörter, die man nicht ins Hochdeutsche übertragen kann. Vor allem aber kommt das bei den „Bewegungsbeispielen", also den Richtungsadverbien wie „dauná" und „zuwi" zutage. In der Standardsprache benötige ich dafür immer einen ganzen Satz zur Erklärung. Bei „dauná" weiß ich, der steht mit dem Rücken an irgendetwas, einem Haus, einem Zaun und soll von dort weggehen. ▶

Welche Gefühlswörter fallen dir ein?

„Moa" zum Beispiel, das bedeutet mürbe, aber ist doch ein wenig anders. Oder „len", was so viel heißt wie lind, also sanft und weich. Bei beiden schwingt aber mehr mit.

Und es gibt in der Mundart lautmalerische Wörter wie „schlifitzn".

Da höre ich fast das Schleifen am Boden durch die Schuhsohlen – entweder am Asphalt oder auf dem Eis. Auf etwas dahinrutschen und einen Laut erzeugen, das ist „schlifitzn".

Irgendwann einmal musste eine Norm-Sprache geschaffen werden, um die Unterschiedlichkeiten der Mundart zu vereinen. Was war die Schwierigkeit daran?

Die Schriftsprache ist ja etwas Erfundenes. Eines Tages hat man gesagt, wir legen uns jetzt auf eine Mundart fest, die nehmen wir als schönstes Deutsch und daran orientieren wir uns. Doch dann hat man jahrhundertelang nicht gewusst, wie man es schreiben soll. Erst 1901 hat man sich bei der Zweiten Orthografischen Konferenz in Berlin auf eine einheitliche Rechtschreibung festgelegt, bis dahin gab es keine verordnete, einheitliche Rechtschreibung. Noch Goethe schrieb inkonsequent ein und dasselbe Wort einmal so und zwei Seiten später komplett anders.

Du hast mir einmal gesagt, dass deiner Meinung nach unsere Schriftsprache zu wenig Buchstaben hat. Warum?

Ja, 26 Buchstaben, das ist zu wenig. Aber das ist ja klar, ich kann nicht eine Schrift, nämlich die, die wir heute haben, die aber für die romanische Sprache Latein entwickelt worden ist und bei der sie auch nicht mehr Buchstaben benötigt haben, hernehmen und eine andere Sprache, nämlich Deutsch, ausdrücken wollen. Es geht immer um Laute. Ein Laut, den es im Lateinischen nicht gab, dafür haben sie damals keinen neuen Buchstaben erfunden. Es gibt aber Sprachsysteme, die das viel konsequenter gemacht haben, zum Beispiel die slawischen Sprachen, die ebenfalls großteils auf lateinische Buchstaben umgestiegen sind, die haben auch pro Laut einen

Buchstaben hergenommen – nur haben sie Zeichen draufgesetzt. Wenn jemand ein bei uns als „sch" gesprochenes Zeichen im Namen hat, dann ist das ein „š" und wenn das „ˇ" nicht auf dem „s" ist, dann ist es schlicht ein „s". Oder das Beispiel Kaplice, ein Ort in Tschechien. Auf dem „c" ist nichts drauf, darum wird es auch wie ein „c" gesprochen, wäre es ein „č", würde man es wie „tsch" aussprechen.

Darum ist es auch schwer, in der Mundart zu schreiben, etwas so wiederzugeben, wie man es ursprünglich gesprochen hat.

Meine Musterbeispiele sind die drei verschiedenen Aussprachemöglichkeiten des „a" – es kann als „a", als „o" oder als „en" gesprochen werden. Jetzt kennen wir das „å" als Ersatz, das ja nicht mehr ist als ein „a" mit einem kleinen „o" oben drauf. Aber das war es. Beim „e" ist es ganz extrem: „geh" und „geh!" ist etwas anderes. Das eine ist der Infinitiv „gehen", das andere der Imperativ „Jetzt geh endlich!". Was tu ich, wenn ich es niederschreibe? Ich muss beide Male ein „e" schreiben, aber das ist unsinnig. Weil es ja nicht das gleiche ist, es klingt anders, es drückt auch etwas anderes aus. Wenn ich eine geschriebene Mundart habe, dann muss mir klar sein, dass dies nur behelfsmäßig ist. Und weil es daher in der Mundart keine Rechtschreibung geben kann, schreibt natürlich jeder so, wie er es glaubt. Jetzt macht der eine aus dem „en" ein „au". Bei „I kann" schreiben viele „I kau", aber „ich kaue" heißt ja etwas anderes, da hab' ich etwas im Mund. Der andere macht ein „o" daraus, also „i ko", das heißt gar nichts. Die, die sich viel damit beschäftigt haben, die schreiben weiterhin „I kann". Und die Versuche, es phonetisch so zu schreiben, wie es gesprochen wird, funktionieren auch nicht immer bis ins Letzte und sind zudem schwer lesbar.

Und zu alledem werden auch noch Wörter oft von einem Ort zum anderen anders ausgesprochen ....

Ja, in Haslach wird „Brot" mit einem runden „o" ausgesprochen. Wenige hundert Meter weiter östlich heißt es „oi" – „Broit". Und weiter westlich sagen sie „Breot". ▶

Es gibt Wörter, die sind wirklich nur in einer Region verankert.
Ich habe da ein Beispiel, da habe ich bis vor Kurzem nie jemanden – außer meine Schwester – getroffen, der das Wort kennt, nämlich „schürla"/ „schialá". Es bedeutet „schirch".

Das ist ja für viele Menschen ein Rätsel, auch in der wöchentlichen Dialekt-Kolumne in den OÖNachrichten: Es gibt Mundartwörter, die nur in einem Mikrokosmos existent sind, in einer Siedlung, einem Ort. Sonst kennt das Wort niemand. Warum?
Es ist möglich, dass irgendwann einmal jemand von außerhalb kam, der das Wort in diesen Ort eingeschleppt hat. Die Sprache war damals schon lebendig. Nicht so sehr wie heute, weil die Leute nicht mobil waren, aber vielleicht ist es deshalb umso nachhaltiger.

Gibt es auch Mundartwörter, die du hörst, die du zuvor noch nicht gekannt hast?
Ja, immer wieder. Die Vielfalt unserer kleinen oberösterreichischen Mundart ist unfassbar. In Goisern hat mich mal der ehemalige Bürgermeister mit ins Gasthaus genommen und gesagt, jetzt bekommst du einen Sprachkurs. Was ich alles an Einzelwörtern nicht gekannt habe und wie falsch ich es ausgesprochen habe! Ich kannte auch ihre Standardwörter nicht, wie „husig" für tüchtig. Das ist ein absolutes Alltagswort. Das Wort tüchtig gibt es in der Mundart nicht. Das ist ein reines Standardsprachwort. Husig bedeutet aber auch geschickt.

Ich mag das Wort „gschmoh". Eine Schulklasse aus dem Salzkammergut hat es mir einmal geschickt, als sie sich während der Corona-Zeit mit der Mundart beschäftigt hat. Das ist so viel mehr als ein Wort, das ist ein ganzes positives Lebensgefühl.
Ich kannte auch das Wort „bráchten" nicht, das heißt reden. Wenn ein paar Leute beisammen stehen und reden, das ist ein „Bráchtát".

Wir sehen, eine einheitliche Standardsprache war schon nötig, um zumindest eine genormte Ebene zu haben.

Im 19. Jahrhundert und Anfang des 20. Jahrhunderts hatte die Mundart ein Hoch. Zumindest in der Schreibung. Das hängt mit der Hochblüte der Mundartdichtung zusammen. Im 19. Jahrhundert lebten innerhalb weniger Jahre die Größen der oberösterreichischen Mundartdichtung, die auch als die besten in ganz Österreich gegolten haben. Eben Franz Stelzhamer und Carl Adam Kaltenbrunner, der große Konkurrent. Die beiden haben sich mit ihren Gedichten bekriegt. Die Autoren hatten sich zuvor natürlich auch hingesetzt und nachgedacht, wie man das und das schreibt. Daraus ist dann eine Art Standardschreibung der oberösterreichischen Mundart geworden. Damals wurde zum Beispiel entwickelt, dass man den Akzent auf das „a" setzt, wenn man ein helles „a" sagt – also „á" – und ein „a" schreibt, wenn man ein „o" sprechen würde. Das war im 19. Jahrhundert das Hauptverdienst von Stelzhamer. Und im 20. Jahrhundert ist dann Hans Zöttl, ein ehemaliger Richter und der Gründer des Stelzhamerbundes, mit seinen Getreuen durch das Land gezogen und hat Mundartabende veranstaltet. Der hat das am Köcheln gehalten. Daraus entstand, dass manche Journalisten damals in ihre hochdeutschen Texte Mundartwörter eingebaut haben. Später haben das auch Politiker entdeckt. Damit sie beim Volk besser ankommen.

Viele Menschen sind sehr dankbar, dass die Mundart am Leben gehalten wird, weil immer auch persönliche Geschichten mitschwingen. Beim Wort „gámá" kommt jemandem zum Beispiel sofort die Erinnerung an die Großmutter in den Sinn.

Genau. Und wer erzählt nicht gerne, wenn er gefragt wird, von seiner Geschichte, wie er aufgewachsen ist und was früher war. Aber freilich, man verklärt das auch ein bisserl. ▶

Was ist deine Geschichte? Wie hast du die Liebe zur Mundart wiederentdeckt?

Die ist mir immer geblieben, die war nie weg. Ich habe schon als 20-Jähriger im Journalismus angefangen, dank OÖNachrichten bin ich viel herumgekommen und mir hat es immer gefallen, wenn die Leute so gesprochen haben wie ich früher. Als ich mich später beim ORF um die Leitung der Volkskultur beworben habe, war es auch meine Aufgabe, Fernsehdokumentationen zu machen. Da habe ich die Leute am Land wieder besser kennengelernt und bin da reingewachsen. Später habe ich begonnen, selber Volksmusiksendungen zu moderieren, da wurde wieder so geredet wie damals daheim.

Stichwort „daheim". Wie ist es dem „kleinen" Klaus gegangen, als er von Haslach nach Linz gekommen ist?

Das war furchtbar. Ich hatte keine andere verbale Sprachebene zur Verfügung als meine Haslacher Mundart. Ich konnte auch nicht in der Hochsprache sprechen. I hau's nöt kina. Ich war zwölf, als meine Eltern aus beruflichen Gründen nach Linz gezogen sind, ich bin von der zweiten Klasse Hauptschule in Haslach in die dritte Schulstufe des Khevenhüller-Gymnasiums gewechselt. Der neue Klassenvorstand hat gemeint, er müsse mich nehmen, weil ich ja lauter Einser hätte, aber ich würde sowieso durchfallen. Das hat mir meine Mama erzählt und mir den Auftrag gegeben: „Jetzt zeigst du es ihnen." Ich war ein guter Schüler, habe extrem viel gelesen und „das mit der Sprache, das bekommen wir schon hin", hat Sie gesagt. Aber ich stand nur auf der Schaufel, sie haben mich ausgelacht und blöd nachgemacht – bis ich dann auf die erste Deutsch-Schularbeit einen Einser geschrieben habe, danach war eine Ruhe damit. Ich habe davon profitiert, dass ich so viel gelesen habe.

Interview mit Stephan Gaisbauer

Wir neigen dazu, Gegebenes nicht zu hinterfragen. Aber wie ist eigentlich unsere Sprache entstanden, warum ist der oberösterreichische Dialekt besonders vielfältig, woher kommt das Wort „Hochdeutsch" (es hat übrigens nichts mit einer höheren Bildung zu tun)? Über all diese Aspekte weiß der Sprachforscher Stephan Gaisbauer vom StifterHaus Linz Bescheid. Im Interview nimmt uns der Hausruckviertler mit auf eine Zeitreise der Sprachen und der Mundart.

Die klassische Mundart, wie sie noch vor 60 Jahren gesprochen wurde, mit einer Fülle an Vokabular, spricht heute kaum noch jemand. Ein Zeichen dafür, dass die Mundart verschwindet?

Nein, auch wenn das sicherlich ein Zeichen dafür ist, dass sich etwas ändert, punktuell auch Begriffe verschwinden. Die Mundart und generell die Sprache haben sich immer verändert und sie dürfen sich auch verändern. Die Befürchtung, dass die Mundart ausstirbt, gibt es seit Jahrhunderten. Aber es gibt dann immer auch Restaurierungsbestrebungen, wie Mundart-Wörterbücher.

Die dadurch eine „archivarische" Funktion übernehmen. Denn viele Wörter, vor allem auch aus der landwirtschaftlichen Struktur, verschwinden – auch durch technologische Fortschritte. Für die Heuernte braucht man keinen Leiterwagen mehr, ergo wissen auch immer weniger, was ein „Wiesbám" ist, mit dem das Heu auf dem Leiterwagen fixiert wurde.

Das Verschwinden solcher Konservatismen liegt auch an der schrumpfenden Agrarquote, die heute bei unter fünf Prozent liegt. Und der fortgeschrittenen Mobilität. Das Land war früher bäuerlich geprägt, die Bevölkerung sehr immobil. Der eigene Ort wurde ein Leben lang nur ein paarmal verlassen, es gab keinen Bedarf an einer überregionalen Kommunikation – daran war dieser Dialekt gebunden, die Wörter hielten sich. Ab der Zwischenkriegszeit kam der Rundfunk auf und die überregional normierte Standardsprache kam in die Stuben, der zuliebe auch der Dialekt sukzessive aufgegeben wurde. ▶

Der Dialekt war lange auch stigmatisiert. Wer so sprach, war abgestempelt.
Der Dialekt hatte früher meist ein schlechtes Image. Durch die Etablierung der neuhochdeutschen Norm haben die Dialekte einen noch geringeren Stellenwert bekommen. Erst im Laufe der Zeit hat sich eine Ausgleichsform entwickelt, die nicht so weit von der Standardsprache entfernt ist. Dennoch galt lange, dass jene, die Dialekt sprachen, nicht so gebildet waren. Heute kann man aber in ganz Oberösterreich quer durch alle Schichten Dialekt und Hochdeutsch hören.

Zum Hochdeutsch war es ein langer Weg. Spätestens nach der Niederlage Österreich-Ungarns im Siebenjährigen Krieg war es Maria Theresia klar, dass sie eine einheitliche Standardsprache einführen musste. „Den Krieg haben die Schulmeister verloren", hieß es damals, weil die Soldaten die Befehle nicht lesen konnten. Danach wurde die Unterrichtspflicht mit der genormten Standardsprache eingeführt.
Da spielen mehrere Faktoren eine Rolle. Schon im 16. Jahrhundert hat es durch Buchdruck und Reformation einen Bedarf an einer überregionalen Verständigung gegeben. Viele bedeutende Gelehrte und Dichter kamen aus dem ostmitteldeutschen Raum, sodass unsere neuhochdeutsche Schriftsprache vor allem von dort her geprägt ist. Wobei es komplex ist: Das, was wir als „Hochdeutsch" bezeichnen, geht sprachhistorisch auf einen geografischen Ursprung zurück. Alles, was südlich von Köln und Göttingen liegt, ist im historischen Sinne Hochdeutsch. Ein sehr großer Raum, der wiederum in mitteldeutsches Gebiet – zwischen Rheinland-Pfalz und Sachsen – und ein oberdeutsches Sprachgebiet – von der Schweiz über Bayern bis Österreich – untergliedert wird.

Und im Norden?
Ein Stadtteil Düsseldorfs ist Benrath. Hier geht die Benrather-Linie durch. Nördlich davon wurde Niederdeutsch gesprochen, hier ist die Verwandtschaft unserer Sprache mit dem Englischen zu sehen, denn sie haben, wie im Englischen, die zweite hochdeutsche Lautverschiebung nicht mitgemacht, durch die zum Beispiel aus einem „k" ein „ch" wurde. Dort hieß es

„maken" statt „machen" und „Water" statt „Wasser" – wie im Englischen. Heute ist diese Sprache der Hanse nahezu untergegangen, da schon im 16., 17. Jahrhundert das Hochdeutsche des Südens übernommen wurde.

Das Wort „Hochdeutsch" hat also nichts mit einer Sprache der höheren Bildung zu tun, sondern hat einen geografischen Ursprung – vom Höhergelegenen?
Genau.

Wie war der Weg des Hochdeutschen nach Österreich?
Diese Gemeinsprache wurde in Österreich durch die Einführung der Unterrichtspflicht angestoßen und hat sich bis zum 19. Jahrhundert durchgesetzt. Unser Hochdeutsch wurde auch „Meißnisches Deutsch" genannt, weil die Stadt Meißen in Sachsen ein wichtiges Zentrum war.

Maria Theresia hat für die „Normierung" unserer Sprache den Sprachforscher Johann Christoph Gottsched, den Schöpfer der „Deutschen Sprachkunst" – damals die Standardgrammatik –, aus Preußen geholt.
Er war eine Autorität und hat dem Hochdeutschen zum Durchbruch verholfen. Obwohl der katholische Süden, also Bayern und Österreich, weit weniger Interesse an der Belesenheit und Beredsamkeit der Bevölkerung hatte als der protestantische Norden.

Warum?
Weil das Katholische eher herrschaftskonform war, da war es wichtig, dass die Menschen untertänig blieben. Bei den Protestanten war es wichtig, dass sie die Heilige Schrift in der Lutherischen Sprache lesen und verstehen konnten.

Noch einmal zurück zur Lautverschiebung. Wann war die?
Eine erste „germanische" Lautverschiebung fand bereits ein paar Jahrhunderte vor Christi Geburt statt, die zweite „hochdeutsche" Lautverschiebung setzte etwa im siebten Jahrhundert ein.

▶

**Von da an haben sich die einzelnen Sprachen, das Englische, das Deutsche …
ausdifferenziert, also voneinander entfernt?**

Es gibt Rekonstruktionen einer gemeinsamen indogermanischen oder
indoeuropäischen Sprache, die einst von Island bis Indien gemeinsam ge-
wesen sei. Deshalb auch „indo-germanisch", weil sie vom östlichsten (Indien) bis zum westlichsten Punkt (Island) verbreitet war. Die indogerma-
nische Grundsprache, so heißt es, ist die Mutter aller Sprachen in Europa,
der slawischen, der romanischen, der baltischen Sprachen … Eine Ausnahme bildet hier nur das Baskische. Bei den germanischen Sprachen, wie
dem Deutschen und dem Englischen, geht man davon aus, dass sie sich
erst im Laufe des Frühmittelalters so ausdifferenziert haben, wie wir sie
heute kennen.

**Warum ist das passiert? Praktisch wäre es ja schon, wenn es weniger
Sprachen gäbe, oder?**

Es gibt zwei Grundbewegungen der Sprache: Man schaut auf Ökonomie,
dass möglichst alle gleich miteinander sprechen, die Sprache leicht verständlich ist. Und das Andere ist das Grundprinzip der Originalität und Indi-
vidualität. Das ist so wie bei den Jugendlichen, die auf der einen Seite den
Druck haben, konform zu sein, das sieht man ja daran, wie sie angezogen
sind, und auf der anderen Seite möglichst individuell und originell sein wollen.

**Und bei der Sprache hatte jeder eine andere Idee davon, was verständlich
und einfach ist?**

Zudem gab es verschiedene Bedürfnisse, Sachen zu benennen – am Meer
brauchte man andere Vokabeln als nahe am Berg. Und weil die Kommuni-
kationsräume damals sehr beschränkt waren, sich die Sprachentwicklung
nur innerhalb dieses Rahmens vollzog, sind diese bunten Dialekte entstanden. So wie wir sie auch in Oberösterreich – vielleicht mehr als in anderen
Bundesländern – bis vor wenigen Jahren noch gesehen haben.

Diese „bunten Dialekte" haben sich teils bis heute gehalten, obwohl Maria Theresia schon vor rund 250 Jahren die Standardsprache eingeführt hat. Warum sind die Dialekte mit dem Hochdeutschen nicht „ausgestorben"?
Das ist eine Frage der Medialität, denn die Standardsprache war eine Sache der Schriftlichkeit. Maria Theresia hat ebenfalls im Dialekt gesprochen. Damals war das Mündliche noch das leitende Paradigma und nicht das Schriftliche.

Und so lange das Mündliche die Oberhand hat, ist es schwer, dass man es vereinheitlicht?
Es gab auch Gegenbewegungen gegen die Uniformierung der Sprache. Die Benediktiner in Bayern und Österreich sind Sturm gelaufen gegen das neue meißnische Deutsch, die wollten die österreichischen Ausdrücke weiter fördern. Wie halt immer: Sprachpurismus und Sprachbewahrung – diese Tendenzen gab es immer schon.

Bayern und Österreich ist ein Sprachraum, aber ist das Österreichische mehr Bayerisch oder das Bayerische mehr Österreichisch?
Österreich ist – mit Ausnahme des alemannischen Vorarlberg – der größte „bairische" Dialektraum. In Bayern wird nämlich auch noch fränkisch und schwäbisch gesprochen. Unser Deutsch war einst die Sprache des Stammes der Baiern. Österreich war ursprünglich aber auch romanisch, awarisch und slawisch geprägt – darum gibt es in Oberösterreich noch viele slawische Ortsnamen wie Lungitz, Garsten, Windischgarsten. Aber der Westen war bairisch. Das war zum Teil auch einer christlichen Missionierung und dem Herrschaftsanspruch der Baiern geschuldet, die auch in Klostergründungen, wie z. B. in Kremsmünster, zum Ausdruck kommt. Zur Zeit der Babenberger gab es dann einen jahrhundertelangen Wettstreit zwischen Österreich und Baiern um das heutige Oberösterreich. Das ist auch der Grund, warum das Oberösterreichische ein sehr konservativer Dialekt und die Sprachlandschaft bei uns so bunt ist. Oberösterreich ist sowohl von München als auch

▶

von Wien aus gesehen an der Peripherie. Während sich in unmittelbarer Umgebung der Herrschaftshäuser, zum Beispiel in Niederösterreich, die Sprache der Herrscher durchsetzte. Zudem gab es im Hausruckviertel den Herrscherstamm der Schaunberger, also eine Art Pufferstaat zwischen Österreich und Baiern und auch das hat zum Spracherhalt beigetragen, denn die waren sehr widerborstig.

Als die Standardsprache eingeführt wurde, mussten viele Mundartwörter „übersetzt" werden, das gelang aber nicht mit allen Wörtern. Für Richtungsadverbien wie „dauni", „vüri" … wurden keine adäquaten Synonyme gefunden. Warum nicht?

Das sind Unterschiede im grammatikalischen System, die nicht angeglichen wurden. Darum gibt es auch Punkte, wo man sagen kann, dass der Dialekt der Standardsprache überlegen ist. Eigentlich ist die gängige These ja, dass die Standardsprache besser ist, elaborierter. Es gibt ein ausgeklügeltes grammatikalisches System, es gibt mehr Zeiten, zum Beispiel das Präteritum „ich war" oder „ich fuhr". Im Dialekt ist das ausgestorben, da gibt es nur das Perfekt, „i bin g'fahrn". Es gibt aber undokumentierte Stärken des Dialekts in der Grammatik: In manchen Regionen sagt man in der Mundart „es wird geh' re(n)gát" – das hat man auch in den romanischen Sprachen, etwa im französischen „il va pleuvoir" oder im englischen „it's going to rain". Das drückt die nahe Zukunft aus. Das andere sind die Richtungsadverbien. Es war halt nicht notwendig, eine ausdifferenzierte sprachliche Orientierung zu schaffen. Obwohl die Menschen ja sehr phantasievoll waren und neue Wörter für noch unbekannte Dinge schaffen mussten. Nicht alle haben sich durchgesetzt, wie „Blitzfeuererregung" statt Elektrizität oder „Jungfernzwinger" statt Kloster. Andere haben sich durchgesetzt, wie Anschrift für Adresse oder Mundart für Dialekt. Das Interesse daran, dass man für Fremdwörter deutsche Wörter findet, war groß.

Fällt Ihnen noch ein Beispiel dafür ein, wo die Mundart Vorzüge gegenüber der Standardsprache hat?

Der Wortschatz ist in manchen Bereichen viel nuancierter. Zum Beispiel gibt es für das Wort „arbeiten" im Dialekt 40, 50 verschiedene Wörter, die jeweils eine zusätzliche Bedeutung haben. Wenn jemand „mácherlt", dann arbeitet er einfach so dahin. In der Standardsprache muss man das umschreiben. Ich habe da mehrere Beispiele:

Schwer arbeiten: **háckln, tschinein, schindtn, párábern, ráckern ...**

Kleinere Arbeiten verrichten: **mácherln, werkln, kraudern, schnegern ...**

Langsam und unproduktiv arbeiten: **umánaundá dadln, fummln, umscheißn, umzizln ...**

Nervös und schlampig arbeiten: **hudln, raubern, zussln ...**

Planlos und schlampig arbeiten: **pfuschen, schuastern, murksen ...**

Anhang

Quiz-Auflösungen

Quiz 1, S. 72:
1 c; 2 a; 3 c; 4 b; 5 b; 6 b; 7 a; 8 a; 9 b; 10 a; 11 a; 12 b; 13 a
Quiz 2, S. 96:
1 c; 2 b; 3 b; 4 c; 5 a; 6 a; 7 b; 8 c; 9 a; 10 b; 11 c; 12 a

Quellen- und Literaturnachweis

Hanrieder, Norbert: „Wie heißt denn das Ding?" in Hanrieder, Norbert: Mühlviertler Máhrln und andere Mundartdichtungen. Linz 1969, S. 81 f.

Hönig, Franz: „Gedicht vom Nikolaus" in Hönig, Franz: Unsa Landl. Gedichte in oberösterreichischer Mundart. Linz 1922, S. 106 ff.

Jungmair, Otto und Etz, Albrecht: Wörterbuch zur oberösterreichischen Volksmundart. Linz, 6. Ausgabe 1999.

Milfait, Otto und Landgraf, Elvira: Das Mühlviertel. Sprache, Brauch und Spruch. Bodenständiges Brauchtum, mundartliche Umgangssprache mit Humor und Erlebnisgeschichte. Linz 1993.

Sandgruber, Roman: Sandgrubers Alltagsdinge. 11 x 11 Sachen, die unsere Gesellschaft prägen. Linz 2019.

Vogelweide, Walther von der: „Under der linden" in Bein, Thomas: Walther von der Vogelweide. Ditzingen 1997, S. 135 f.

Woldrich, Traudl: Wie's daheim war. Erinnerungen an Oberplan im Böhmerwald. Grafenau 1997.